あしたへ。

文字・活字文化推進の10年

JN250488

公益財団法人　文字・活字文化推進機構

発刊にあたって

――本は知識と希望を与えてくれる

東京・銀座の資生堂に肥田美代子さんが見えられ、新しい財団を立ち上げるので、その会長を引きうけてくださいと頼まれたのは、二〇〇六年の春まだ浅い三月でした。あれからもう一〇年も経ったのかと深い感慨がこみあげてきます。

文字・活字文化推進機構のその後の仕事ぶりは、この一〇年史に紹介されていますが、限られた予算の中で、読書環境の整備や出版文化産業の基盤づくりといった活動を行い、それなりの明るい成果を残すことができたのではないかと自負しています。

わけても、子どもの読書や活字文化に親しむための環境づくりは、この財団のメイン・テーマでした。自ら立案した法制度や政策について、活字文化議員連盟や子どもの未来を考える議員連盟を通して実現に努めてきた日々であったと思案します。

いま、インターネットの普及もあって新聞や雑誌の発行部数が減少傾向にあります。膨《ぼう》大《だい》な情報が無料で瞬時に入手できるので、その裏がえしで紙の本を読まなくなっているようです。多くの国民がそうした時代の波に流されることは、大変残念です。

私の人生は、書物を抜きに考えられないものでした。もしそこに本がなければ味気ないものだったでしょう。本は、どれほどの楽しみと喜び、勇気と慰め、知識と希望を与えてくれたことか。本は、常に私の人生の伴侶であり、そこに書かれてあることは、想像と思索にふける愉しみをもたらしてくれました。

私たち文字・活字文化推進機構の生命《いのち》の源は、人間の精神生活になくてはならない文字・活字文化の文明史的な価値を継承して、次の世代に贈るところにあります。そのために、この一〇年間やってきたことを、もう一度確認するために、本書の刊行を考えました。各般の事業の展開にあたっては、実に多くの企業や団体、個人に支えていただきました。心から感謝申し上げ、一〇年史発行にあたってのご挨拶と致します。

二〇一七年一二月二〇日

公益財団法人　文字・活字文化推進機構
会　長　福原　義春（資生堂名誉会長）

目次

目　次

目　次

はじめに

二一世紀の扉がひらかれたばかりのとき、ＰＩＳＡ（国際学習到達度調査）で日本の子どもの読解力の低さが明らかにされました。一五歳の子どもたちの読み書き能力が衰えていたのです。これは、教育界につよい衝撃をあたえ、昨日までとは異なる視点から学校教育をとらえなおす好機となりました。

これまでおざなりにされてきた図書館活用教育や読書教育を、学校教育のすべての課程できちんと位置づけることの大切さを示唆していたからです。新しい世紀は、教科書いがいの新聞、書籍・雑誌といった幅ひろい文章を読み、理解できる子どもの育ちを祈願しつつ、その幕を開けたのでした。

そんな世紀の揺籃期《ようらんき》に文字・活字文化推進機構は設立されます。〇七年一〇月五日のことでした。それから数えて一八日後の一〇月二三日、財団法人に登録され、さらに五年後の一一年一〇月二五日、公益財団法人へ移行します。

設立このかた、福原義春会長提案の「創造的な国づくり　言語力で日本の未来を拓く」

という理念をかかげてきました。この理念は、一〇〇年を経たいまも、機構の性格と事業内容をいい表わす適切な言葉です。

私たち機構の名は、ものごとをつたえる方法を一変させた文字・活字文化の歴史に由来しています。文字は、文明や創造力を生みだす源泉であり、人類はその文字の発明から、ながい時代をくだって紙を創りました。さらに時代をくだって、紙の書物を美しく複製できる印刷技術を発明したのでした。

文字の発明とその運用は、人間の将来を決定づける大きなできごとでした。文字で書かれた記録のおかげで、先人たちの思想やくらしのようすを知り、それを後世につなぐことができるようになったからです。


文字のなかった頃、人びとはさまざまな方法で、自分や集団の意思を他者に伝えてきました。旧石器時代のラスコー洞窟壁画には、馬やトナカイその他の動物が生き生きと描かれています。人びとは壁画で動物の生態や食糧捕獲の情報を仲間に知らせていたのでしょう。このほかにも身ぶりや手ぶりで他者とコミュニケーションする方法もありますし、手話も美しい表現です。目も交流のつとめを担っています。

しかし、遠く離れたところにいる人たちや、不特定の人びとにたいする伝達方法としては、いまのところ、紙で印刷された新聞や書物が、もっともすぐれた手段でありましょう。わけても細かいことがらや、思想を伝えるには言語が最適です。

たとえば、私たちはゲーテとか、紫式部とかはるか遠い時代の知識人たちと、作品をつうじて会話ができます。わからない表現があれば、理解できるまでいくども読みかえす。読みかえしは作者に質問を発することと同じです。

古代ギリシャの盲目の詩人、ホメロス（紀元前九世紀ごろの人）の名で遺された『イリアス』や『オデュッセイア』は、トロイ戦争で活躍した英雄の武勇や冒険、漂白の旅を綴ったもので、もっぱら吟遊詩人の口を通じて謡《うた》いつがれ、あるいは語られつづけてきた叙事詩です。

もちろん、現代人の誰ひとりとして、竪琴《たてごと》に合わせて謡い詠《よ》むホメロスの声や、そのころの吟遊《ぎんゆう》詩人のうたや語りを聞いたひとはいないし、そうした姿を見たひともいない。しかし、それから約三〇〇〇年後に生きる私たちは、ホメロスの物語を読むことができます。

それができるのは強靭《きょうじん》な記憶の世界にあった物語が書き写され、やがて印刷されて書物となり、読者のかたわらの〝ひと〟になっているからです。

こうしてホメロスの抒情詩は、時間と空間を越えて伝承され、二一世紀にもなお、古代ギリシャの神々と、人びとの生き方・考え方を教えてくれています。人びとは書物をとおして、数千年むかしのホメロスとひざをまじえて語りあうことができるのです。これから考えても書物がなければ文明の生成・発展はなかったでしょう。それが書物の計りしれない底力であり、この知的山脈をひきつぎ、朝《あした》につたえるのは、いま、生きている者たちの責任です。

この「文字・活字文化推進機構一〇年史」もその一端を担うことができればと願っています。私たち機構は、一〇年のあいだに、どのような仕事をなしとげてきたのか、残された課題は何か。そうした活動を記録し、文字・活字文化のさらなる成長に貢献したいと考えています。

I　二〇〇七年　一橋記念講堂

1　活字文化に親しむ国へ

読書にほんの少しでも関心を寄せ、わずかでもいいから共鳴するものがあれば、そこには新しい出合いが生まれます。読書という知的作業は、想像力や創造力を生み、育てるゆりかごでもあるのです。

私たち機構は、人びとがひとしく文字・活字文化と出合うことのできる基盤づくりを理想にかかげて出発しました。東京・千代田区の学術総合センター・一橋記念講堂で、設立記念総会がひらかれたのは、秋の青い空がひろがる〇七年一〇月二四日の午後でした。

一橋記念講堂の周辺は、ひろい街路に面して、新聞社や出版社、大学をはじめ、大手企業のビルが建ちならび、すぐ近くの靖国通りには、東京・神保町の古本屋が軒をつらねています。デジタル文化の波に容赦なくさらされつづけながら、なお古書店が健闘しているのは、日本にすぐれた読書家が大量にいることのあかしでありましょう。

設立記念総会には政界、経済界、労働界、新聞界、放送界、出版界、図書館界、教育界、

文学界、音楽界、医療界その他の各界代表と、一般から応募した人びとをあわせて約五八〇名が参加しました。この顔ぶれは、私たち機構が特定業界の利益をまもる団体ではなく、利害関係をこえた異業種による新しい枠組みの組織であることを印象づけました。

山根基世・元NHKアナウンサー室長が総合司会をつとめ、主催者を代表して福原義春会長（資生堂名誉会長）があいさつしました。

文字・活字文化なくして人類の進歩や発展はない。人類最古の文字は、メソポタミアの都市国家シュメールの楔形文字《くさびがたもじ》とされ、発明されたのは約五千年前。それから数千年を経て、私たちは書物文化・新聞文化を手にすることができた。口承で伝えられてきた神話、伝説、人類の文化の集積である哲学を記録に残そうと、艱難辛苦《かんなんしんく》の末に文字を発明した人類の営みには、悠久のロマンを感じる。現在は、メールやインターネットなど情報手段が多様化しているが、文字そのものは使われている。しかし、文字の意味やニュアンスが正確に伝えられているか不安である。新聞、雑誌、書物で伝わる活字文化については接触度が減ってきている。人間の思考力や想像力を培ってきた活字文化が衰えることは、社会にとっても、国家にとっても、大きな損失だとおもう。私たち機構は「誕生日に本を贈る運動」をはじめ、国民が文字・活字文化に親しむことのできる環境づくりの努力を積み重ねる所存である。一〇〇年の大計で、日本を世界に冠《かん》たる「活字に親しむ国」につくりあげたい。それは創造的な国づくりでもある（福原会長のあいさつ要旨）。

2 落語と脳科学

青木保・文化庁長官、細田博之・図書議員連盟会長、中川秀直・活字文化議員連盟会長、河村建夫・子どもの未来を考える議員連盟会長（当時の肩書）は、それぞれ「文字・活字文化の活性化が経済・文化の発展につながるものであり、その振興はきわめて重要である」、「わが国は、書物文化や読書文化の豊かな歴史を持っており、活字文化の振興は引きつづき重要な課題だ」といった趣旨の祝辞を述べられました。

記念講演の講師・落語家の春風亭小朝氏は「徒然なるままに」と題して、文筆家の藤浦敦氏と対談し江戸ことばの美しさを紹介するとともに、日本語の豊かさを実感するには、古典を読むのがいちばん良い―などと語り合いました。もうひとりの講師、脳科学者で東北大学加齢医学研究所の川島隆太教授は、「脳機能イメージングの研究をつうじて、読書活動が、認知症予防や脳機能の改善・発達をうながすのに効果的であることがわかった」と述べました。

日本語を自由自在にあやつる落語は、人情噺《ばなし》や怪談噺といった物語をとおして、人びとの想像力や好奇心をかきたて、こころを魅了する日本の伝統文化です。落語はまた、口語文の創造に寄与した歴史をもっています。三遊亭円朝の怪談『牡丹燈籠《ぼたんどうろう》』は、言文一致の小説にいどむ明治の作家たちに大きな影響をあたえたといわれています。

二一世紀文明の先端に位置する脳科学は、読書活動や芸術鑑賞が、脳の活性化に欠かせないものであることをつきとめるとともに、朗読や読み語りが認知症予防の役に立つことも解明し、なお進化をつづけています。

肥田美代子理事長（童話作家）が提案したアピールは、大きな拍手で採択されました。

数千年の歴史を持つ文字・活字文化は、人類の進歩と民主主義の発展に寄与し、すべての社会活動の基盤となっています。私たちはこれからも文字・活字は、世界の人びとの共通の財産として未来への懸け橋になるものと信じています。他方、昨今の読書・活字離れの傾向は、言葉の力の衰退を招いており、わが国の将来が憂慮されています。

私たちは、本日、ここにお集りの皆さまや当機構の活動に賛同される方々と手を携えて、「読む」「書く」「話す」「聞く」という総合的な言葉の力を向上させるため、「子どもの読書活動推進法」と「文字・活字文化振興法」に盛り込まれた諸施策を具体化する運動に取り組みます。この運動をひろめるため、二〇一〇年を「国民読書年」とするよう働きかけてまいります。（アピールの要約）

阿刀田高副会長（直木賞作家）は、閉会あいさつで、「日本人は自分たちの文化のよりどころとして文字・活字を大切にしてきた。近年、日本語に対する関心、知識、愛着が衰えている。このままではこの国は危ない。さまざまな立場の人びとと一緒に推進機構の運動を推し進めていきたい」と述べました。

総会では、それぞれの立場から、さまざまな言葉で、読書文化・書物文化にたいする危機感と可能性とが表現されたのでした。

3　財団法人へ

ひとつの組織が誕生するとき、そこには大きな夢が描かれ、夢見る人びとの力がうごきます。それは、会社の創業や労働組合の結成や職能団体の創設その他の組織のばあいも同じことでありましょう。私たち機構も例外ではなく、社会的立場や職業のちがいをこえ、わが国の書物文化と読書文化を継承し、さらに発展させようという理想のもとに、設立記念総会が準備されたのでした。主催したのは、文字・活字文化推進機構設立世話人会で、メンバーは次の方々でした（肩書は当時）。

足立　直樹：凸版印刷代表取締役社長
池田　弘一：アサヒビール代表取締役会長兼ＣＥＯ
井上ひさし：作家・劇作家
大久保　浩：日本漢字能力検定協会副理事長
大久保満男：日本歯科医師会会長
柿本　寿明：日本総合研究所前理事長
唐澤　祥人：日本医師会会長
河村　建夫：子どもの未来を考える議員連盟会長
北島　義俊：大日本印刷代表取締役社長
北村　正任：日本新聞協会会長
北山　禎介：三井ファイナンシャルグループ代表取締役社長
小峰　紀雄：日本書籍出版協会理事長
たかたかし：日本作詩家協会理事長
高木　　剛：日本労働組合総連合会会長
田中　健五：全国出版協会会長

中川　秀直：活字文化議員連盟会長
中西　敏夫：日本薬剤師会会長
永井多恵子：日本放送協会副会長
西室　泰三：日本アドバタイザーズ協会理事長
肥田美代子：出版文化産業振興財団理事長
広瀬　道貞：日本民間放送連盟会長
福武總一郎：ベネッセコーポレーション代表取締役会長兼CEO
細田　博之：図書議員連盟会長
俣木　盾夫：日本広告業協会理事長
松井　　直：日本国際児童図書評議会会長
宮川　智雄：博報堂DYホールディングス代表取締役会長
村松　邦彦：日本雑誌協会理事長

第一回世話人会は、〇六年一一月二五日、日本新聞協会役員室でひらかれ、事業計画、組織図、財政方針を確認するとともに、設立総会やプレイベントの段取りをきめました。

〇七年四月二三日にひらかれた第二回世話人会は、会長に福原義春氏、副会長に阿刀田高氏、理事長に肥田美代子氏、専務理事に渡辺鋭氣氏をすいせんしました。

　日本新聞協会はいちはやく文字・活字文化推進機構への参画を決め、出版界は日本書籍出版協会、日本雑誌協会、日本出版取次協会、日本書店商業組合連合会、読書推進運動協議会、日本児童図書出版協会、出版文化産業振興財団、全国出版協会の八団体による「活字文化振興出版会議」を発足させ、文字・活字文化推進機構への参加を決めました。

　財団設立には一億円の基本財産が必要でした。福原会長は、「この機構の仕事は、日本語という言語と文化の根源にかかわっている。趣旨をよく説明すれば経済界の人たちも理解してくれるものと信じる」として新聞界四〇〇〇万円、出版界四〇〇〇万円、経済界二〇〇〇万円を目標に寄付金を募ることを提案されました。

　この提案は、設立世話人会で確認され、日本新聞協会、活字文化振興出版会議はそれぞれ組織的な手続きにはいりました。食品業界や電機産業、流通業界、金融界、医療界その他の諸団体への協力依頼は、世話人会事務局が担当し、〇七年の秋には、基本財産と運営資金の見通しをつけることができました。

　そうして維持会員の入会勧誘が大きな仕事となりました。ひろい人脈をたどって会員獲得に真心をつくしてくれたのは、日本雑誌協会の村松邦彦理事長でした。村松理事長はほぼ毎日のように広告代理店や印刷、製紙その他の会社を訪問され、会員の獲得に注力されました。

第一回世話人会から一年後の〇七年一〇月五日、設立発起人会がひらかれ、福原義春会長を議長にして議事をすすめ、設立趣意書、寄付行為、基本財産、事業計画及び収支予算、役員選出の各議案を決定しました。

ただちに文部科学省に民法第三四条の規定にもとづく「財団法人文字・活字文化推進機構」の設立許可申請書を提出し、それには、設立年月日「二〇〇七年一〇月五日」とされました。それから一八日後の一〇月二三日、文科省から「財団法人認可決定」の知らせが届きました。それは、設立記念総会の前日の夕刻でした。

4 明確な目標

私たち機構の目標は明確です。それは、「子どもの読書活動の推進に関する法律」と「文字・活字文化振興法」の具現をつうじて、国民の言語活動を応援し、文字・活字文化を次の世代に継承するための望ましい環境を整えるという点にあります。

〇六年一一月二五日の設立世話人会で提案された設立趣旨（案）は、活字文化はすべての社会活動の基盤であり、人づくり、地域づくり、国づくりに欠くことのできないものという考えかたを示しています。そうして「民の力」を基盤に「文字・活字文化推進機構」を設立し、子どもの読書活動推進法と文字・活字文化振興法を実効あるものにすると謳《うた》いあげています。〇七年一〇月五日にひらかれた設立発起人会では、この考えかたをふまえた第二号議案「設立趣旨」を承認します。

長期的な読書離れ・活字離れは、日本語力の低下を招き、的確な国語の使用ができないなど憂慮すべき状況にある。これを解決する鍵は、文字・活字文化の振興と普及にあり、その軸となるのは読書・新聞閲読活動であると考える。幼少期から読書の楽しみを十分体験させ、社会人になってからも自主的に書籍や新聞を読むことのできる環境が求められている。当機構は、文字・活字文化の推進にかかわる多様なプログラムの実施を通じて、人類が長い歴史のなかで蓄積してきた知識及び知恵を継承・発展させ、表現力や思考力をもった国民を育み、もって人間性の涵養と健全な民主主義の発展に貢献する（設立趣旨）。

文字・活字文化の推進にかかわるふたつの法律の具現のため、多様なプログラムを実施する。しかしそれは民間の努力だけでなしうるものではなく、立法府や行政府と連携して、あしたに向かおうという心構えが明示されたのです。このころ、すでに雑誌や新刊本の売れ行きは、長期低迷の色あいを濃くしつつありました。そういう現実のきびしさを心得たうえで、活字文化の振興と普及に立ち向かう決意とロビー活動を重視する姿勢とをうちだしたのでした。

Ⅱ 読解力・言語力の発展に向かって

1　子どもの読書活動推進法

一〇年史の叙述の都合上、ここで私たち機構の設立に至った事情についてふれることにします。その第一は、「子どもの読書活動推進法」と「文字・活字文化振興法」にもとづく制度・政策を具現すること、第二は、国民の読解力・言語力の発展にとりくむこと―です。

まず、「子どもの読書活動推進法」について思案してみます。法律は、主権者がみずからの利益のために利用するとき、その秘めた力を発揮します。この法律も例外ではありません。私たち機構は、この法律を根拠に学校図書館の改善をもとめる政策立案・法改正などの提言活動をつづけ、法律の潜在力をひきだすことに傾注しました。

「子どもの読書活動推進法」は、超党派の子どもの未来を考える議員連盟が議員立法として提案したもので、一部の政党は反対しましたが、賛成多数で成立しました。法案審議の過程では、「本を読まないと、牢獄に放りこむつもりなのか」とか、「読書は個人的な営みであり、権力が介入すべきではない」とかの非難の声が、法案づくりの中心となった議連事務局長の肥田美代子議員の事務所に寄せられました。

全国各地からとどいた約三四〇件にのぼるＦＡＸや葉書の文章は、どれもおなじ内容でありましたから、組織的にとりくまれたものであることがうかがわれました。署名簿には、教師や図書館人や児童文学者など、仕事で子どもとつながりあう人びとの「職業」がしるされていました。

この法律の精神は、かみくだいていえば、子どもが手を伸ばせば、そこに本がある、そんな読書環境をつくろうということにあります。あれを読め、これを読めと法律で決めるといったたぐいのものではなく、あくまでも子どもの読書環境を整えるところに主眼があるのです。

もちろん、本を読んだからと言って、人生がたちどころに幸せになるわけではないし、大きな利益が転がり込むわけでもない。本を読まずに生涯を閉じる人生があってもいいのです。

しかし、本を読むことで、じっさいの生活では体験できない多くのものを獲得し、より深く人生を生きてほしい――この法律の骨法はそこにあります。

「子どもの読書活動推進法」は、すべての子どもが、幼児期から読書体験の機会を手にできる環境づくりのための理念や方法や関係者の役目その他のことを定めています。

基本理念はこうです。

子どもの読書活動は、子どもが言葉を学び、感性を磨き、表現力を高め、創造力を豊かなものにし、人生をより深く生きる力を身につけていく上で欠くことできないものであることにかんがみ、すべての子どもがあらゆる機会と、あらゆる場所において自主的に読書活動を行うことができるよう、積極的にそのための環境の整備を推進しなければならない（第二条　基本理念）。

同法はまた、事業者は子どものすこやかな成長に必要な書籍の提供につとめること（第五条）、父母やほかの保護者は子どもの読書機会の充実や、読書の習慣化に積極的な役割を果たすこと（第六条）を定めています。

「政府は子どもの読書活動推進基本計画を策定しなければならない」（第八条）と義務づけ、策定したときは、遅滞なく国会に報告するとともに、公表することも義務づけたのでした。

都道府県や市町村には「子ども読書活動推進計画を策定しなければならない」（第九条）という努力義務を課しています。これは、自治体が財政事情などを理由にしてかたちだけの事業でお茶を濁《にご》さないように、自治体にも中長期かつ計画的な読書活動推進計画をもとめたのでした。

子どもの読書活動推進法は、いま、「学校図書館図書整備等5か年計画」を継続・拡充するための法的な根拠としても運用され、その効能を発揮しています。

2　文字・活字文化振興法

次にもうひとつの「文字・活字文化振興法」について考えてみます。

この法律は、子どもの読書活動推進法とは目的が異なり、読書も包括した文字・活字文化の振興と普及が骨法であります。この法律は、言語活動や出版者の権利付与、新聞、書籍・雑誌への軽減税率適用など税制改革の根拠としても運用されています。

同法は、第一条の目的で、

「文字・活字文化が、人類が長い歴史の中で蓄積してきた知識及び知恵の継承・向上や、豊かな人間性の涵養並びに健全な民主主義の発達に欠くことのできないものであることにかんがみ、文字・活字文化の振興に関する基本理念を定め、並びに国及び地方公共団体の責務を明らかにする（中略）」

と書きしるし、文字・活字文化を人類史の視点から位置づけています。

その文字・活字文化については、

活字その他の文字を用いて表現されたものを読み、書くことを中心として行われる

精神的な活動、出版活動その他の文章を人に提供するための活動並びに出版物その他の活動の文化的所産」（第二条）

と定義しています。

精神的な活動とは、人びとが文章を読み・書くこと、そして読んだ書物で思考を深め、ゆたかな想像力をつちかうといった知的価値の創造のことです。

文化的所産とは、注記ふうにいえば、紙の出版物、手紙や街路で配布するチラシ、電磁的手段で記録され、表示された文章、読み・書きをつうじて備わった個人の教養や人間性その他の有形・無形のものをいいます。

基本理念（第三条）は、次のように表現しています。

文字・活字文化の振興に関する施策の推進は、すべての国民が、その自主性を尊重されつつ、生涯にわたり、地域、学校、家庭その他の様々な場において、居住する地域や身体的条件にかかわらず、等しく豊かな文字・活字文化の恵沢を享受できる環境を整備することを旨として行われなければならない。

基本理念はまた、国語が日本文化の基盤であると明記する。わけてもだいじな点は、学校教育では教育の課程の全体をつうじて読む力、書く力を基礎とする言語に関する能力＝言語力の涵養《かんよう》に十分配慮されなければならない、としていることです。国語教育に力を入れよ、というわけですが、それは日本語で書かれた多様な文章を正しく読み解く力は、あらゆる科目で必要とされる能力だからです。

国語力は、社会生活でもふだんに求められます。町内会の回覧板も、役所からの連絡も、保険の契約書も、その他いろいろ、日常のくらしにおいて日本語を読む機会はたくさんあり、生活に欠かせないものです。

契約書に書かれた文章をよく理解しないまま、サインしてしまったせいで、損害をこうむった事例はたくさんあります。学校教育において国語教育が重視される理由は、国語は生涯にわたって必要とされる「言葉の力」の源泉だからです。

同法は、出版活動についても支援策を打ちだしています。

第九条　国は、できる限り多様な国の文字・活字文化が国民に提供されるようにするとともに、わが国の文字・活字文化の海外への発信を促進するため、わが国においてその文化が広く知られていない外国の出版物の日本語への翻訳の支援、日本語の出版物の外国語への翻訳の支援その他の文字・活字文化の国際交流を促進するために必要な施策を講ずるものとする。

第一〇条　国は、学術的出版物の普及が一般に困難であることにかんがみ、学術研究の成果についての出版の支援その他の必要な施策を講ずるものとする。

法案作成の過程で難航したのは、出版活動について、国の支援の幅をどこまでひろげるかということでありました。文科省と活字文化議員連盟の実務者とのあいだでは、出版活動支援の方向では意見の一致をみたものの、各論では折りあいがつかない。

けれどもさいごは、九条に関連して①学術的価値を有する著作物の振興・普及、②著作者及び出版者の権利保護の充実、③翻訳機会の少ない国々の著作物の翻訳、④日本語著作物の翻訳の振興・支援、それに必要な翻訳者の養成、⑤世界各地で開催されるブックフェアの支援―の記述で落ち着いたのでした。

これらの政策は、活字文化議員連盟の「文字・活字文化振興法の施行に伴う施策の展開」に盛りこまれています。第一〇条や「施策の展開」の政策は、出版文化産業の基盤づくりを主張したものです。がしかし、これらの施策が具体化されるには、政策支援を望む事業者が現れることが前提であり、それがなければ、単なるペーパー上の施策におわることになります。

3　教育改革をうながすＰＩＳＡ

私たち機構の設立に至った第二の事情は、国民の読解力・言語力の発展を支援することにありました。ＯＥＣＤ(経済協力開発機構)が一五歳を対象にした、「数学的リテラシー」「読解力」「科学的リテラシー」を問うＰＩＳＡ（国際学習到達度調査）で、日本の子どもの読解力の低さと低学力層の厚さが明らかにされたからです。

二〇〇〇年にはじまったPISAは、義務教育を終えた子どもが、身につけた知識や技能を実生活のさまざまな場面で、どのていど応用できるかを測定します。三年にいちど行われ、約七〇か国・地域が参加し、日本からも約六〇〇〇人の高校一年生が参加していま す。その結果は、各国の教育行政に大きな影響をあたえていて、日本も例外ではありませんでした。

初回の二〇〇〇年調査では、日本の子どもは国別順位で数学的リテラシーが一位、科学的リテラシーが二位、読解力が八位でした。〇三年調査では数学が六位に落ち、科学は二位を維持し、読解力は一四位に急落しています。〇六年調査で数学は一〇位、科学は六位、読解力は一五位でした。

〇九年調査では順位の上昇がみられます。数学は六位、科学は五位、読解力は八位に回復したのです。一二年調査では数学が七位、科学が四位、読解力は四位となり、一五年調査では数学五位、科学二位、読解力八位でした。

〇三年調査の結果は、「PISAショック」とよばれ、わが国の教育改善をうながす動機となりました。これまでのPISAをかえりみるとき、読解力は国別順位で八位が三回ほどあることから、これが日本の子どもの読解力の実力かもしれないという見方もあります。

PISAは、自由記述式の設問が約四割を占め、散文などの連続型の文章ばかりでなく、非連続型の表やグラフ、地図を読ませたり、実生活でよく出会う文章、たとえば、落書きや社内文書を作問にとり入れたりしています。思考力や表現力、判断力をはぐくむための工夫をこらしているので、答えはひとつではなく、多様なものとなります。

文章を読み、よく理解して評価・分析し、自分の言葉で表現する。日本の学校教育におけるテストとは、出題の構造がちがっています。

4　試される応用力

PISAをつうじて分かったことのひとつは、日本の子どもは、文章を読んで、それを正確に理解したうえで、表現の意図や背景を推論することや、書かれてあることを根拠にして、自分の言葉で記述する力量がとぼしいということでした。これは、表現力や思考力の育ちの支援を省略してきた過去の授業からみちびきだされたものといえましょう。

ＰＩＳＡの調査結果がわるいのは、「ゆとり教育」のせいだという指摘もあります。否定できない意見です。けれどもＰＩＳＡの設問内容を吟味すると、「ゆとり」か「詰め込み」かの二者択一で割りきれるほど単純なものではない。むしろ、ＰＩＳＡの学力測定法と、日本の学力測定法とのちがいとして思案すべきでしょう。日本は「知識の暗記力」を測り、ＰＩＳＡは「知識の応用力」や「思考力・表現力」を測っています。

ＰＩＳＡの結果に衝撃をうけた文部科学省は、〇三年に学習指導要領を部分改訂し、「脱ゆとり路線」へと舵をきり、つづいて〇七年、政府の教育再生会議も「ゆとり教育」見直しを提言しています。

この年、文部科学省は、四三年ぶりに全国学力・学習状況調査（全国学力テスト）を復活させました。基礎的な知識を見るA問題と、応用力を測るB問題が出題されるなどＰＩＳＡ型の測定方法も部分的に導入されています。しかしながらこの一〇年間、ぜんたいの正答率に大きな変化はみられず、学校の指導改善に役に立てる、という目標に近づくには、さらなる工夫が必要だと指摘されています。

〇八年の学習指導要領改訂では、授業時間数の増加、学習内容の充実、基礎学力の重視など、「ゆとり教育」路線からの方針転換をはっきりと打ちだしています。読解力をみがくため、あらゆる科目で、文字・活字文化振興法が明記した「言語活動の充実」を実践する方針も示されました。

これらの教育方針の効用のせいなのか、一五年ＰＩＳＡでは成績が上向き、国別順位もあるていど回復していますが、日本の子どもの学習意欲の低さには変わりがない。自由記述では解答欄の空白が目立ち、応用力を問う問題の正答率も低い傾向にあります。

ＰＩＳＡが教えてくれたのは、教師に教わった知識をまる暗記し、その暗記量をテストで測り、それを学力とみる日本の学校教育は、学習意欲や思考力、表現力を育てるのに難があるのではないかということでした。

これらの教訓から学校図書館を活用した授業の大切さが主張され、教育現場からも学校図書館の蔵書や人材や財政の充実をもとめる声がつよまっています。学校司書が配置された学校では、図書整備がすすみ、読書冊数が多く、子どもたちが本をよく読むというデータがそろっているからです。学校図書館は、言語力をみがき、読解力を身につけるためのかぎりない力を蔵しています。

Ⅲ 学校図書館改革への道

1　子ども読書年の波紋

一九九二年に文部省（当時）が実施した「学校図書館の現状に関する調査」の結果をうけて、第一次「学校図書館図書整備5か年計画」が策定されたとき、学校図書館の新しい時代が始まりました。

しかし、ここでは歳月を下って、二〇〇〇年の「子ども読書年」を起点に、子どもの読書環境の整備にかかわるうごきを記録することにします。私たち機構の事業の土台である「子どもの読書活動推進法」と「文字・活字文化振興法」は、この子ども読書年がみちびき出したものだからです。

九九年八月九日に参議院、一〇日に衆議院でそれぞれ採択された「子ども読書年に関する決議」は、読書について「言葉を学び、感性を磨き、表現力を高め、創造力を豊かなものにし、人生をより深く生きぬく力を身につける」と定義しました。この一文は、その後、さまざまな公用文章や調査報告書の前文などによくつかわれ、立法府や政府の人びとのあいさつにも、好んで引用されています。

しかし、どれほど大事に扱われても「決議文」には法的な拘束力がないので、国や自治体の政策づくりに影響をあたえることはまれといえましょう。「決議文」の精神を止揚するには、法律のかたちに整えなければならないのです。

衆議院の決議文には、「二〇〇〇年を子ども読書年とし、国を挙げて子どもたちの読書活動を支援する施策を集中的かつ総合的に講ずるべきである」と書きこまれています。法律制定への足がかりとなる一文であり、決議文の起草者は、次のステップを思いえがいていたのでした。もうひとつは、子ども読書年に関する決議は〝ジャパン・ファースト〟ではなく、国際的視野に立っていることです。

国際連合が子どものための世界サミットをひらき、そこに参加した世界七一か国の元首、首脳たちが「子どもを政治の最優先に」と誓いあったのは、子ども読書年から遡《さかのぼ》ること約一〇年前の九〇年九月でした。日本からは海部俊樹首相（当時）が出席していました。

けれどもそれから一〇年を経た二〇〇〇年、つまり二一世紀に臨んでもなお、国連の

〝誓い〟ははたされるどころか、世界の子どもの生存の環境が悪化していました。アフリカ、中東、アジアの諸国では貧しさゆえに、子どもたちのいのちがないがしろにされ、民族間や宗教上の対立による紛争で、少年少女は銃を持たされて、戦場に送りだされたり、自爆テロの犠牲者にされたりする事例もあります。

先進国でも経済の豊かさに、子どものこころの成長が追いつかず、日本では校内暴力とか、いじめとか、衝動的な行動とか、薬物汚染とか、悲惨な事件がおこり、二〇一〇年代に入ると、新しく子どもの貧困問題が浮びあがりました。どの国の子どももひとしく、暴力的な社会、あるいは格差の激しい社会に生きているのです。

子どもたちの心は渇《かわ》き、その潤《うるお》いをとりもどす方策が、世界の共通の課題となりました。どういう対策を立てるかはその国の選択にかかわることですが、日本は問題解決の一歩として子どもの読書活動を重くとらえ、国会で「子どもの読書年に関する決議」を採択したのでした。悲惨な生活条件のなかにおかれた子どもたちにこそ、恵まれた読書環境が必要であるという意味で、この決議は世界にアピールできるものでした。

子どもの読書環境づくりで大事なことは、学校図書館や地域の図書館をよりよいものに改善し、子どもと本との日常的な出会いの場を用意することです。いのちを維持するにはパンが必要なように、心の姿勢をととのえるには本が必要です。このふたつは、子どもが成長してゆくための養分であり、からだとこころのバランスをとることで、子どもは「ただ生きる」のではなく、人生をより深く「生きぬく力」を獲得できるのです。

2　子どものための世界サミット

国際連合が主張する「子どもを政治の最優先に」とは、コメやパンとともに、すべての子どもに読書文化をさしだすことでもありました。そのためには、恒久平和を築きあげ、人びとが信頼のうちに生存する国際関係の涵養が大前提となります。

子どものための世界サミットのあと、わが国の国会は、国立国際子ども図書館の設立に向けて動きはじめました。既存の国立国会図書館は一八歳未満の国民が利用できないため、それならば子どもが主役の図書館をつくろうという機運が生まれたのです。それを提案したのは衆議院議員の肥田美代子氏でした。その実現にむけて超党派の国立国際子ども図書館設立推進議員連盟（会長・村上正邦参議院議員）を設立され、立法府の総意のもとで設立準備がすすめられました。建物は、東京・上野の森にある旧国立国会図書館上野支部をあてることになり、その改装・設計にあたったのが世界的建築家の安藤忠雄氏でした。

この国立国際子ども図書館が、二〇〇〇年の「こどもの日」に開館することを記念して、「子ども読書年に関する決議」が国会に提出され、その決議は、先ほども紹介したように、参議院で九九年八月九日、衆議院では翌一〇日に賛成多数で採択されました。両院の決議文は、ほぼおなじ内容なので、ここには参議院の決議文を記録することにします。

われわれは、二〇世紀の反省と教訓の上にたって、新しい世紀を担う地球上のすべての子どもたちに、人権を尊重し、恒久平和の実現と繁栄に努め、伝統的な文化遺産を継承することを託さなければならない。その第一歩として、わが国は世界にさきがけ、平成一二年、西暦二〇〇〇年の「こどもの日」の五月五日、質も量も世界で最大規模の蔵書と読書環境を整え、内外情報を収集と発信のできる国立国際子ども図書館を開館することになった。

　読書は、子どもたちの言葉、感性、情緒、表現力、創造力を啓発するとともに、人としてよりよく生きる力を育み、人生をより味わい深いものとしていくために欠くことのできないものである。本院は、この読書の計り知れない価値を認識して、子どもたちの読書活動を、国を挙げて応援するため、平成一二年、西暦二〇〇〇年を「子ども読書年」とすることとする（参議院「決議文」の要約）。

　子ども読書年は、世論のつよい支持と共感を集めました。読書活動推進フォーラムや絵本ワールドその他のイベントがとりくまれ、教育現場における朝の読書活動も急速なひろがりを見せました。自治体による親子で絵本を楽しむブックスタートやファーストブックが始まるなど、新しい子育ての基盤がかたちづくられるきっかけともなりました。

　国立国際子ども図書館設立推進議員連盟は、その目的を達成したあと、子ども読書年で高揚した読書推進活動の気運をしぼませてはならないと決意し、議連の名称を「子どもの未来を考える議員連盟」に改変して再起動しました。その最初の仕事が、二〇〇一年の

「子どもの読書活動の推進に関する法律」の制定でした。

それから二年後の〇三年三月、日本の文字・活字文化と出版文化の振興をめざす「活字文化議員連盟」が発足し、〇五年の「文字・活字文化振興法」の制定にむけた行動を起こしました。ふたつの法律の源泉は、じつに「子ども読書年」の高揚を背景にしていたのでした。

3　娯楽の自由・慰藉の自由

このふたつの法律は汲みつくせない政策の宝庫です。

私たち機構は、設立このかた、「学校図書館の充実」ということを重視してきましたが、その法的な根拠は「子どもの読書活動推進法」にあります。学校図書館は、子どもたちに生涯にわたって学ぶ力をつくるだけでなく、喜びや楽しみや、希望や自信を与える力を持っています。いろいろな本に接することで、人間に対する理解を深め、それが心に刻まれ、子どもの精神の成長の糧となるのです。

学校図書館に期待をよせるのは、経済の成長が物資的な豊かさとひきかえに、ものごとをじっくりと考える時間を希薄にしたという事情があります。だから、いまいちど、落ち着きのある心をかたちづくる努力のつみ重ねが必要でありました。

その基本は、子どもが本や新聞と親しむ環境を家庭、学校、地域の責任でととのえることです。知識や知恵のつまった本や新聞が、人間性の涵養《かんよう》に好影響をあたえることは、複数の世論調査で明らかにされています。

学校図書館は子どもたちにとって、自由と民主主義の砦です。読む自由、探究する自由、心を癒《いや》す自由、娯楽の自由、慰藉《いしゃ》の自由。いま、そこにある資源を用いる自由だけでなく、自分の人生を切りひらいてゆくという創造的かつ積極的な自由を獲得するためにも、学校図書館は子どもの生活になくてはならないものなのです。

この自由の王国は、子どもがどのような家庭に生まれ、どのような育ちかたをしたかは、一切問わず、どの少年少女もひとしく抱きしめてくれます。幾冊もの本が部屋にあり、父母は本をよく読み、よく読み語りもしてもらえる家庭の子どもにも、それとは逆に、一冊の本もなく、父母は本を読まず、読み語りしてもらった体験のない子どもであっても、学校図書館はわけへだてなく迎えてくれます。

子どもの読解力を立てなおすには、小学校、中学校を通じて、日常的に読書文化・書物文化にふれる機会をあたえることでありましょう。その最良の場所が学校図書館なのです。

学校図書館法は、学校図書館が学校教育において欠くことのできない基礎的な設備であること、子どもの健全な発達を図り、学校教育を充実することを目的に制定されました。一九五三年八月八日のことでした。

この法律は、子どもの学習活動や、教師の研究活動の役に立つ図書資料を備えることを定めるとともに、専門的職務をつかさどらせるため、司書教諭を置かなければならないと義務づけています。しかし、こうした法律の定めにもとづき、図書資料が整備され、司書教諭が配置されてきたかというと、決してそうではなく、むしろ、ながく冷遇されてきました。

子どもは、好奇心と知識欲のかたまりです。新しい情報と知識に飢えており、それだからこそ、図書資料の更新を心がけることが大切です。蔵書も物語文学に偏重しないように、自然科学や社会科学、歴史や哲学、新聞や雑誌、図鑑や辞典といった探究学習や好奇心を満たす図書資料を用意する必要があります。

さらにだいじなことは、子どもや教師の希望に応えられるように、学校司書がいつも常勤していることが必要です。学校図書館にゆたかな蔵書があっても、本の目利きがいてくれないと、〝宝の持ち腐れ〟になりかねないからです。

学校図書館を活用した授業の実現は、学校教育の理想の姿です。新聞を読む子、本を読む子は学習意欲もあり、自己肯定感も強い。学校図書館は絶えざる改善を積みかさねて、いつも陽のあたる、子どもの広場でなければならない。

それなのに歴史の歯車は、無情にも学校図書館を正しい軌道から外そうとする回転をやめませんでした。たとえば、一九五〇年代後半から七〇年代にかけて、教育現場は、司書教諭や学校司書の配置のために戦い、それが功を奏して学校図書館法改正の段取りがととのったこともありました。でも、いつも国会解散やその他の理由で流産するという不幸がくりかえされたのです。

　それに追い打ちをかけるように、学校図書館や読書が蔑視される時代がやってきました。高度経済成長期の六〇年代、高校進学は上昇の一途をたどり、受験競争は激しさをきわめます。教育現場でも家庭でも、〝本を読む暇があればドリルの勉強〟という趣がつよまり、教科書いがいの本を読む子どもが孤立したり、教師の冷ややかな目に遭ったりという事例も記録されています。それやこれやで学校図書館は、校舎の隅でほこりをかぶり、冷たい冬景色のなかに閉ざされてしまったのでした。

4　改革への新しい波

　学校図書館が沈黙の殻をやぶり、少しずつ元気をとりもどしてゆくのは、学校図書館法制定から、じつに四〇余年もすぎた九〇年代に入ってからでした。子どもの読書環境の改善策が国会でしきりと論議されるようになったのです。

　九〇年代の学校図書館改革のうごきは、六〇年代のように教育現場から火が点いたのではなく、立法府から燃えだしたところに特徴があります。当時の国会議事録を読みかえすと、じつに執拗に学校図書館や子どもの読書にかんする質疑がおこなわれていたことがわかります。

そうした国会論議をうけて文部科学省が、九二年に小中学校の「学校図書館の現状に関する調査」を実施したことはすでに紹介しました。そこで明らかにされたのは、図書館に鍵がかかり、開館しても昼休みか放課後、本もない、人もいないという惨状でした。

学校図書館改革は、この「現状調査」からはじまります。国会審議は、さらに熱をおびたものとなりました。この審議を一貫してリードしたのは、肥田美代子参議院議員（八九年当選）でした。九六年から衆議院議員となり、〇五年秋の政界引退まで学校図書館改革にとりくむ姿勢はつらぬき通されました。

国会審議では、学校図書館法の本則と附則の矛盾がとりあげられました。本則には「学校には、学校図書館の専門的職務を掌らせるため、司書教諭を置かなければならない」（第五条）と記されています。他方、附則では「当分の間、司書教諭を置かないことができる」と、猶予措置を認め、それが四〇年余にわたって放置されてきたのです。

学校図書館は、党派をこえて国会議員の関心をあつめるようになり、民間側も全国学校図書館協議会や日本教職員組合がロビー活動をつづけました。これらのうごきが相乗効果をあげ、学校図書館法改正案は、九七年六月、衆参両院において全会一致で採択・成立し、附則から猶予措置がとりのぞかれました。学校図書館法施行からじつに四四年ぶりの法改正でした。

この法改正は、その後の子ども読書年に関する決議の採択をはじめ、国立国際子ども図書館の設立、子どもの読書活動推進法の制定、子どもゆめ基金の創設、文字・活字文化振興法の制定、学校司書の法制化へとつながる燠火《おきび》の役目をはたすことになります。

Ⅳ　子どもの図書予算はどこへ消えたのか

1　議会質問の効用

私たち機構にとって、学校図書館図書整備5か年計画と地方財政措置の具体化は、きわめて優先度のたかい事業であり、この一〇年、最大のテーマでありつづけました。この事業は、国会や自治体の政策展開と濃密な関係にあり、立法府へのはたらきかけがなければ、成就しない政策・制度を象徴する課題といえましょう。

政策・制度の決定にかかわることでだいじなことと思われるのは、住民が要望したことがらを議会審議のテーブルに乗せてもらえるかどうかであります。議会のやりとりは、その町や国の現実と将来に大きな影響を与えるからです。町会議員の議会における質問が、たとえば農道や農地の改善につながり、市会議員の質問は、たとえば里山の保全や教育政策の転換をうながすこともめずらしいことではありません。

国会も自治体議会も、正当に選挙された代表者をつうじてうごきます。たとえば、衆参両院の委員会や本会議における討議の結果は、この国の法律となり、制度となります。新しい法律案や改正案は、国会の審議なしには制定できないので、それゆえ審議の過程を記録した国会議事録は、公的文書の最たるものといわれています。

文部科学省は、学校図書館の充実を促進するため、一九九三年に学校図書館図書標準をつくり、公立学校の学校規模に応じた蔵書の整備目標を定めています。これらの施策は、国会でいくたびも質疑され、文科大臣の〝前向き〟の答弁にもとづいて政策のかたちができあがります。

国会における質問者は、会議録でそれまでの大臣答弁をくわしく調べ、答弁で約束したことがどこまで進捗したかを問います。答弁する側もまた、会議録をめくり、これまでの大臣などの答弁内容を検証し、矛盾のないように心がけます。

発言あるいは答弁者の失言や暴言を会議録にのこすかどうか、与野党間であらそわれることもありますが、会議録が半永久的にのこされることを考えると、それもまたやむをえないことかもしれません。

いま、二〇一七年度を初年度とする第五次「学校図書館図書整備等5か年計画」が実施されています。図書増冊と更新、小中高の学校図書館への新聞配備、学校司書の配置のために用意された地方交付税措置は、五年間で総額約二三五〇億円、単年度で約四七〇億円です。政府の地方交付税は、使い道を指定しないで一般財源として自治体に交付されます。だから、どの政策に用いるかは自治体の判断で自由に選択できるわけです。

ところが自治体の学校図書館政策の優先順位は低く、施策全体のなかでも下から二、三番目という自治体もあります。これでは、交付税が学校図書館施策にまわるはずもなく、優先順位のたたかい事業に流れてしまいます。新聞も、本も、学校司書も足りない学校図書館の現状は、そのことを雄弁に物語っているのです。

この現状を改革するには、地方議会がカギとなります。議員が学校図書館施策のための地方財政措置が、自分の自治体でどうつかわれているのか、議会でとりあげることが大事なことです。保護者や住民も、自分の子どもや孫の通学する学校の図書館はどのような実態なのか調べ、議員のところにもちこむことも、学校図書館充実への早道といえます。学校図書館や子どもの読書活動について、議会で審議してもらうことは、地域文化の創生という視点からも大切なことでありましょう。

2　図書整備の財政規模

ここでおさらいしておきたいことは、一九九三年に設定された「学校図書館図書標準」のその後の経緯についてです。これは、九三年度を初年度に、向こう五年間で学校図書館図書の一・五倍増を達成するというものでした。そのために第一次「学校図書館図書整備5か年計画」がつくられ、総額五〇〇億円の地方財政税措置がとられました。

しかしながら、その標準は実現されないまま、第一次5か年計画は終了します。それから四年間は、単年度で毎年約一〇〇億円が交付され、5か年計画が復活したのは〇二年でした。この復活は、前年〇一年に制定された「子どもの読書活動推進に関する法律」が大きく影響しています。地方財政措置をささえる法律として機能したのです。

〇二年度を初年度とする第二次学校図書館図書整備5か年計画の地方財政措置は総額約六五〇億円、単年度で約一三〇億円でした。それでも学校図書館の充実につかう市町村は少なく、この5か年計画がおわるころにも図書標準は達成されませんでした。

子どもの知識や教養の育ちに注力すべき地方財政措置は、いったい、どこへ消えたのか。町や村の道路、港、スポーツなどの公共事業にまわしている自治体もあります。

第三次5か年計画（〇七年度～一一年度）からは、財政規模も総額約一〇〇〇億円となりましたが、市町村行政の学校図書館にかんする政策順位はきわめて低いままであり、この計画においても図書標準は達成されませんでした。そうして、一二年度からの第四次5か年計画にひきつがれることになったのです。

3　新聞は読書・学習の教材

第四次学校図書館図書整備5か年計画（一二年度～一六年度）の策定にあたって、私たち機構が重視したのは、小中学校への新聞配備と、学校司書の配置にかんする地方財政措置を実現することでした。

はげしく変化・変動する世の中を生きぬく力をつくるには、子ども時代から新聞に親しむ生活習慣を育てることが大切です。そのためには、子どもたちがいつでも新聞を読むことのできるように、学校図書館に新聞を備えることが重要なのです。

日本新聞協会は、八〇年代半ばからＮＩＥ（教育に新聞を）にとりくんできています。その実績が語りかけているのは、新聞を読むことで語彙《ごい》力がおどろくほどゆたかになり、それが読解力の向上をうながしているということでした。語彙がふえると文章を読むのが楽しくなるので、読書量もふえるという好循環が生まれています。

新聞を使った教育は、子どもがじぶんと社会とのつながりを認識するきっかけとなり、好奇心をひきだす効用もみられます。このように考えると、新聞を消耗品として扱うことは間違いでありましょう。そうではなく、教育課程において学習教材としてきちんと位置づける必要があります。私たち機構が、公費で新聞を学校図書館に配備することを求めつづけた理由は、そのような事情からでした。

私たち機構の提案で設置された文部科学省の「国民の読書推進に関する協力者会議」は、学校図書館に学校司書を配置すること、子どもが新聞を読み、授業にも使える環境を整えること、などを盛りこんだ報告『人の、地域の、日本の未来を育てる読書環境の実現のために』（二〇一一年九月）をまとめています。

この報告の内容は、学校司書の法制化や学校図書館への新聞配備その他の政策に投影されました。同報告をもとに私たち機構が、川端達夫総務大臣（当時）にたいして、学校図書館図書整備5か年計画の継続と、この計画にともなう地方交付税措置の拡充を直訴したのは、一一年の晩秋でした。川端大臣から肥田美代子理事長に、その結果の知らせが届いたのは、その年も師走に入ってからでした。それは、まさに朗報というにふさわしい内容でした。

一二年度を初年度とする第四次学校図書館整備5か年計画のなかには、私たち機構が希望したとおり、小中学校図書館への新聞配備が位置づけられ、学校司書の配置予算ももりこまれていたのです。語らずとも、これは新聞が〝学習の教材〟となったことを説明していました。

この姿勢は、一七年度を初年度とする第五次「学校図書館図書整備等5か年計画」にひきつがれ、新たな地方財政措置は小学校、中学校はもちろんのこと、高等学校への新聞配備と学校司書の配置もまかなうことにしています。

「図書整備等5か年計画」というふうに〝等〟が書きこまれたのは、学校司書が5か年計画のなかに新しく位置づけられたからです。私たち機構がもとめていた人材配置をふくむ「総合的な5か年計画」が誕生したのでした。

4　学校司書の法制化

地方自治体は、早くから学校図書館に担当職員を配置してきました。子どもの読書活動や探究学習をおこなう上で、学校図書館にはひとの配置が必要だったからです。しかし法的な位置づけはなく、自治体ごとに職員の呼び名はいろいろで、その多くは学校図書館担当事務員という名称を使っています。

全国学校図書館協議会や日本教職員組合は、六〇年代のはじめごろから、「学校司書」といい、文科省や立法府の公的な文書で〝いわゆる学校司書〟と書き記されることもありました。名称がどうであれ、学校教育における学習方法の多様化は、学校司書を必要としていたのです。

言語活動や読書教育をはじめ、いろいろなメディアを使った授業の常態化は、教科書いがいの図書資料を使う機会をふやします。それだけに教師にとっても子どもにとっても、本や資料の価値をよく理解し、学習活動や読書活動を支えてくれる学校司書が必要になったのです。

私たち機構が、子どもの未来を考える議員連盟にたいして学校図書館法改正を提案したのは二〇一二年四月でした。また学校図書館法改正案の国会提出に備えて議員連盟の創設も提案しました。河村建夫元文科大臣を会長とする超党派の学校図書館議員連盟が発足したのは一四年四月のことでした。事務局は、私たち機構が担当することにしました。

これに先だち、私たち機構は、文部科学省にたいして「有識者会議」を設置し、関係団体・グループの意見調整にあたることを提案しました。文科省は、この提案をうけて「学校図書館担当職員の役割及びその資質の向上に関する調査研究協力者会議」を発足させました。その報告がまとまったのは、一四年三月でした。

この報告は、学校図書館を利用することの意義について、「確かな学力の育成には言語活動や探究学習の充実が必要」であり、「読書活動を通じて児童生徒の豊かな人間性を形成していく」とするしています。

学校図書館担当職員（いわゆる「学校司書」）の役割・職務については、学校教職員の一員として位置づけ、司書教諭その他の教師と協力しながら、学校図書館の各機能（読書・学習・情報）の向上のための役割を担うとしています。学校司書は「教職員」であることを鮮明にしたのです。

学校司書の将来像にふれたこの報告は、改正案づくりの地ならしとなるものでした。与野党全会派の賛同を得て成立した改正学校図書館法は、一四年六月二七日に公布され、一五年四月一日に施行されました。私たち機構が学校図書館法改正案を提案してから、すでに三回目の春を迎えていました。

改正学校図書館法に新設された第六条（学校司書）は、つぎのようにしるしています。

第六条（学校司書）
学校には、前第一項の司書教諭のほか、学校図書館の運営の改善及び向上を図り、児童又は生徒及び教員による学校図書館の利用の一層の促進に資するため、専ら学校図書館の職務に従事する職員（次項において「学校司書」という。）を置くよう努めなければならない。

2　国及び地方公共団体は、学校司書の資質の向上を図るため、研修の実施その他の必要な措置を講ずるよう努めなければならない。

学校図書館は、教育設備です。文科省が学校司書を「教職員」として位置づけたのは、その意味でとうぜんのことでした。教職員は校長の指揮・監督のもとで職務にあたります。これも、とうぜんのことです。

そこで、学校図書館法が想定する学校司書は、学校設置者が雇用し、校長の指揮・監督下にある者とされ、指定管理者やその他の事業者が雇用した者は該当しないとしています。これは衆議院法制局、文部科学省、学校図書館議員連盟による統一した見解です。

一九五〇年代から「学校司書の法制化」が叫ばれながら具体化されず、七〇年近くも放置されたのは、関係者の利害調整がうまくいかなかったからです。学校図書館にかかわる団体やグループのなかには、学校司書の常勤や待遇改善を明記しなければ法改正に賛成できないという団体もありました。法改正による学校司書の法制化はすばらしいことだという団体もありました。学校図書館議員連盟は、笠浩史事務局長を軸に関係団体から出される多様な意見の調整につとめ、法案提出の環境づくりを進めました。一九六〇年代初頭から学校司書の法制化が主張されながら、それが実現されなかったのは、こうした調整作業が不在だったからです。

法制化されたあと、学校司書の配置は少しずつ増えているが、ながいあいだ、教育制度のそとにおかれていたため、法制度が整ったからといって、何かもうまくゆくわけではない。雇用形態は非常勤で給与も安く、年額一〇〇万円以下の学校司書は珍しくもない状況にあります。学校司書の役割や職務に関する行政や教育現場の理解が薄く、学校司書法制化の意義や価値が浸透するまでには至っていません。がしかし、二〇二〇年から順次実施される学習指導要領は、主体的・対話的で深い学び（アクティブ・ラーニング）による授業改善が基本方針であり、学校図書館と学校司書の専門性の活用をますます必要としています。

V　仕事の〝かたち〟をつくる

1　二〇一〇年国民読書年

仕事の〝かたち〟をどうようにのこしていくのか。これは公益事業にたづさわる者たちが常に考慮しなければならないことかもしれません。

私たち機構の立案による政策や法整備を実現するには、たえざるロビー活動が必要でした。ロビー活動は、政府の政策決定過程に参画し、影響をあたえる行為であり、私たち機構はその行為のよりどころとして超党派の議員連盟を選びました。

議員連盟には、政党内に設置される政策や産業ごとの議員連盟もあるし、海外との交流を深める議員連盟もあります。私たち機構が超党派の議連にこだわるのは、文字・活字文化にかかわる政策や法律は政党間の利害を超えた普遍性を持っているからです。

国会議員が議会控室（ロビー）で議会外のひとと面会することから、ロビー活動とよばれるようになり、発祥地のアメリカには、ロビー活動を職業とするロビイストが三万人を越えているといわれています。ロビイストは産業として発展しており、その活動には莫大な費用が投じられています。賄賂をつかうことは禁じられているものの、ときおり倫理も常識も踏みこえてしまった事例が伝わってくることもあります。

日本には、そうした職業としてのロビイストはいないし、産業化もおこなわれていない。その役割をはたしているのが、各種の産業や職能の団体が、それぞれ創設している政治連盟です。政治連盟は国会議員を育てたり、議会にはたらきかけたりして、法案審議や政策決定に影響力を与えています。

議会外の人たちが政策や法案を思案し、その実現について立法府にはたらきかけることのできる政治の姿は、民主主義のひとつの到達点といえましょう。しかし節度をこえた議員への接触が、かつてのロッキード事件やリクルート事件のような大がかりな汚職事件を創り出したにケースもあり、ロビー活動は高い倫理意識を備え、自戒してかかる必要があります。

私たち機構が、最初に手がけたロビー活動は、二〇一〇年「国民読書年に関する決議」の国会提出とその採択でした。二〇一〇年は国立国際子ども図書館の開館から一〇年、文字・活字文化振興法の制定から五年という節目の年でした。そうした意味をこめて、決議文の草案をつくり、鈴木恒夫衆議院議員（元文部科学大臣）の仲介を得て、活字文化議員連盟に提出したのは、〇八年四月、細かい雨の降る日でした。

活字文化議員連盟の尽力で、各党会派の党内調整がおこなわれ、衆参両院に「国民読書年に関する決議案」が提案されたのは、ほぼ一年後の〇九年六月六日でした。決議案は全会一致で採択され、二〇一〇年を「国民読書年」とすることが決まりました。

衆議院の決議文は「文字・活字は、人類が生み出した文明の根源をなす崇高な資産であり、これを受け継ぎ、発展させて心豊かな国民生活と活力あふれる社会の実現に資することは、われわれの重要な責務である」としています。

参議院の決議文は「文字・活字によって、人類はその英知を後世に伝えてきた。この豊穣で深遠な知的遺産を受け継ぎ、心豊かな社会の発展につなげていくことは、今の世に生きる我々が負うべき重大な責務である」と宣言しています。

決議文は、近年、年齢や性別、職業をこえて読書への興味がうしなわれ、それが読解力や言語力を低下させ、精神文明の変質と社会を劣化させる大きな要因のひとつになりつつあるとしています。そうした危機感を表明するだけではなく、読書活動や読書の町づくり運動のひろがりもある、と国民の読書意識の高まりを正しく評価しています。そして、この気運をさらに躍動的なものにしていくため、国民読書年を定めることにしたと言及しています。

私たち機構は、決議文に示された国民読書年の精神を具現するため、建築家の安藤忠雄・東大名誉教授を座長に、経済界や労働界、有識者などで構成された「国民読書年推進会議」を設立しました。

この運動に必要な予算は、〇九年度から一〇年度までの二年間で約七〇〇〇万円と想定されたので、自動車、製鉄、機械、パルプ、製紙、電力、化学、食品などの企業を訪問し、協力をお願いしました。

寄附金の依頼先となる企業の紹介などに尽力されたのは、活字文化議員連盟の中川秀直会長、日本経済新聞社の杉田亮毅会長（いずれも肩書は当時）でした。私たち機構は、そうして寄せられた寄附金で、大学や新聞社、図書館や自治体と連携したシンポジウムやフォーラム、自治体サミットなどを各地でひらくことができました。

○九年七月からは、ACジャパン（公共広告機構）の協力を得てテレビ、ラジオ、新聞、雑誌の四大メディアによるキャンペーンに入り、約一〇万枚のポスターが首都圏の地下鉄、JRの駅頭、全国の小学校、中学校、高等学校、公共図書館などに掲示されました。

このキャンペーンの途中、一一年三月一一日、未曽有の東日本大震災があり、視聴者からの提言もあって、テレビ放映の読書キャンペーンは自粛することに決めました。キャンペーンに使われた「読めばあなたの知層となる」が、地震や津波で崩落した地面や崖の「地層」と重なると指摘されたからでした。

一〇年一〇月二三日には東京・上野公園内の旧東京音楽学校奏楽堂で国民読書年記念式典を開催しました。阿刀田高氏（作家）、華恵氏（エッセイスト）、加茂亜優美氏（小学校5年生）、河村建夫氏（元文科大臣）、近藤誠一氏（文化庁長官　当時）、辻一喬氏（詩人、作家）、広瀬修子氏（元NHKアナウンサー）の朗読や、由紀さおり氏、安田祥子氏のコンサートをつうじて文学の言葉、童謡の言葉の美しさと豊かさを伝えました。

日本新聞協会や出版界も、同時進行で上野公園の公共施設などでイベントを催し、式典を奥行きの深いものにしました。二〇一〇年の一年間、全国各地の図書館や読書団体・グループその他の諸団体による国民読書年イベントは、二〇〇〇件以上にのぼったと推定されています。

2 読書活動の基盤づくり

国民が、将来にわたって読書を楽しむことのできる読書環境をどう整えるのか。国民読書年の精神を発展させるためには、そうした論議も必要でありました。このため、私たち機構は、文部科学省にたいして、国民の読書推進のための環境づくりについて論議する有識者会議の設置を提案しました。

文部科学省の主管のもとに、「国民の読書推進に関する協力者会議」（座長：福原義春資生堂名誉会長　副座長：肥田美代子文字・活字文化推進機構理事長）の名称で有識者会議が設置されたのは、二〇一〇年七月二〇日でした。約一年間にわたって関係団体からのヒアリングをおこない、一一年九月、「人の、地域の、日本の未来を育てる読書環境の実現のために」という表題の報告書をまとめました。

報告書は、読書について「思考力、判断力、表現力、コミュニケーション力を育み、個人が自立して他者とのかかわりを築きながら、豊かな人生を生きる基盤を形成する」ものとして位置づけています。報告書はまた、自治体における読書政策の優先順位が低いと指摘し、自治体の首長が、子どもの読書環境づくりで、リーダーシップをとることを提案しています。

学校図書館には、学校司書や司書教諭といった専門職員の配置が必要であり、人材の育成も大きな課題として指摘しています。さらに読書教育を保障するためのカリキュラムや指導計画の策定を提唱するとともに、教員養成にあたっては、各大学の自主的な判断で、「読書教育」「図書館活用教育」「リテラシー教育」を導入するよう提言しています。これらの提案は、学校図書館や公共図書館をよりよいものにしてゆくための政策・制度を考案する資料となりましょう。

3　子どもの社会性を育てる

読書は、人間性や社会性の涵養にどう影響力するのか。私たち機構は、そうしたテーマで広域の読書状況を調査する必要があると考えました。その企画を国立青少年教育振興機構に提案したのは、二〇一〇年三月でした。

読書は、眼前の利益を生むものでもないし、目にみえる実利をもたらすこともすくない。それでも日本の経済界のリーダーたちの多くは読書家であり、どんなに多忙なときでも、よく本を読まれています。書物のどのページにも、リーダーに求められる想像力や創造力、思考力や判断力のもととなるものがつまっているからでありましょう。

サッカー選手やスケート選手、棋士もよく本を読んでいます。試合運びには戦略や戦術や想像力が必要であり、それをみがく最良の方法は、読書を積みかさねることだというプロサッカー関係者もいます。

一七年に誕生した中学生プロの藤井聡太棋士はインタビューなどで、さりげなく「想定外」とか「僥倖《ぎょうこう》」とか、中学校の教科書いがいの文章で学んだと思われる言葉を使います。読書で得た語彙力の豊かさを感じさせるシーンです。

心の姿勢が崩れ落ちたとき、面白い文学作品とであい、精神《こころ》の立て直しに成功したひともいます。闘病記を読み、それまでの絶望感を生きるエネルギーにかえたひともいます。これは読書が人間の安全保障ともなることを教えています。

では、幼いころの読書体験（絵本を読んでもらうなど）は、その後の人生にどのような影響をあたえているのか。私たち機構は、そのことに大きな関心をもちました。

読書状況調査に関する私たち機構の提案について、国立青少年教育振興機構の田中壮一郎理事長（当時）は即断され、みずからの事業としてとりくむ意向を示されました。これをうけて、私たち機構は、東京大学教授の秋田喜代美教授に協力を求め、秋田教授のもとに学者、研究者で構成された「子どもの読書活動と人材育成に関する調査研究会」を設置しました。二〇一一年の春でした。

この研究会は、読書活動と意識・能力とはどのような関係にあるのか、を軸におよそ二年にわたって調査しました。調査対象は中学二年生一〇九六五人、高校二年生一〇二三四人、教員四二二八人、成人五二五八人（二〇代〜六〇代）、大学生二〇六八人にのぼりました。報告書がまとまったのは、一三年二月二三日でした。

子どものころの読書活動が、成長してからの意識・能力におよぼす影響や効果について規模の大きい調査がおこなわれたのは、わが国では初めてのことでした。

「この一か月で本を読まなかった」と回答した高校生・中学生に、その理由をたずねると、「ふだんから本を読まないから」という答えが多数を占めています。読書習慣が身についていないことが、本を読まない一因であることがわかったのです。

他方、幼少期のゆたかな読書体験は、ながい時間をかけて人間の成長を支えていることも明らかにしました。就学前から中学時代までに、めぐまれた読書体験をした高校生や中学生ほど「未来志向」、「社会性」、「自己肯定」、「意欲・関心」、「文化的作法・教養」、「市民性」、「論理的思考」のすべてにおいて、現在の意識・能力が高くなっています。

読書でえた知識や教養は、長期にわたって効用をもたらし、子どもの社会性を育んでいるのです。子どものころに読書活動が多い成人ほど、未来志向や社会性、自己肯定や意欲・関心など現在の意識・能力が高く、一か月に読む本の冊数や一日の読書時間も長いことがわかりました。読書習慣の確立は、幼少期の読書体験と深くかかわっていることを再認識する必要があります。

Ⅵ 出版文化産業の基盤づくり

1　全国書誌情報の改革

この章でふれることがらもまた、仕事のかたちとして残されるものです。

私たち機構が、国立国会図書館が作成する全国書誌情報の改革に手をつけたのは、〇八年のことでした。書誌情報とはつづめていえば、資料を特定する事項のことであり、図書、雑誌、論文、音楽CD、DVDの特定に使われています。

主な項目は、書名、著者名、編者名、訳者名、版表示、出版者、出版地、ページ数、大きさその他のことがらがしるされています。資料の戸籍謄本ということができましょう。選書・発注、貸し出し、返却、蔵書管理など図書館の業務に欠かせない基本的なデータであり、書物文化や読書文化の継承・発展にとって必要なものであり、文明の基盤であるともいわれています。

この書誌情報は、世界の主要国では、国がつくり、あるいは民間団体が作成したものを国がとりいれ、「ひとつの国に、ひとつの書誌情報」という哲学のもとで、だれもが、自由に、無償で使えるようになっています。

書誌情報の開発と販売をめぐって民間業者が競いあい、利用者は有償で購入する。こうした事例は、日本いがいの国ではみあたらない。書誌情報の購入料金がかさみ、図書購入費用をへらして、そちらにまわすというケースも、たぶん日本だけの現象でありましょう。

日本国を代表する全国書誌情報は、データの良質性や信頼性、網羅性の面では、抜群の評価をうけていますが、公共図書館の九割近くは、民間業者の書誌情報を有償で使っていて、全国書誌情報の利用率はきわめて低い。

民間作成の書誌情報は、図書館運営を一変させる要因ともなりました。書誌情報の販売を入り口にして書籍の選書・発注、予約、目録管理、流通、納品、装備までひとつながりのシステムを開発した図書館流通専門業者（東京）があらわれたのです。この業者は、書誌情報の販売から図書館の管理・運営までをまるごと引きうけ、そのあおりで地域書店の衰退や図書館リテラシーの劣化が始まったとも指摘されています。

八〇年代ころまでは、公共図書館への図書納入は、出版者↓取次↓地元書店↓図書館（読者）という経路をたどっていました。図書館と地域書店は深くつながっていたのです。

しかしいまは、出版者→取次→図書館流通専門業者→図書館（読者）というぐあいにかわってしまいました。

地元書店は、図書館のコンピュータ化に対応できず、本を納入する流通から落ちこぼされ、安定した顧客であった公共図書館を失くしてしまったのです。それが急激な本屋さんの減少の一因ともいわれています。子どもの手をひいてふらりと本屋に入り、子どもの本とじぶんの本を一冊ずつ買う。それが手軽にできた時代は遠ざかっていきました。

図書館の運営や管理や情報整理まで、何もかもこなしてくれる図書館流通専門業者への依存は、公共図書館のよって立つ基盤をもゆるがすようになっています。

第一は、同一業者が図書の発注と納入の両方を担うため、選書過程のチェック機能がおとろえ、ずさんな選書がおこなわれている事例があること、第二は、民間書誌情報の使用料が高額で、資料購入費の減額につながっていること、第三は、選書から流通まで民間委託した結果、地域の図書館業務（選書、発注、資料購入、目録作成、資料の装備など）の専門性と人材育成が劣化していること―などです。

活字文化議員連盟の笠浩史事務局長から「ポスト国民読書年の継続事業を検討してほしい」という話が、〇九年の師走にあったとき、私たち機構がすかさず「全国書誌情報の改革にとりくむこと」を提案したのは、今までのべてきたような事情からです。

明けて二〇一〇年一月二七日、活字文化議員連盟は衆議院会館で開かれた総会で、「政官民の協力のもと、文字・活字文化の記録を保存し、国民がいつの時代にも活用できるわが国を代表する書誌データの一元化に努める」と明記した活動方針を決定します。

この活動方針が、これまで図書館政策で真剣に討議されることのなかった全国書誌情報と、国民のあいだの距離を縮めてゆくはじまりとなりました。この政策方針をうけて国立国会図書館は三月三日、出版、出版取次、書店、図書館、書誌データ作成企業など関係団体によびかけ、「日本全国書誌の在りかたに関する検討会議」をスタートさせました。八月には出版団体や図書館流通センターその他の関係団体で構成された「公共的書誌情報基盤に関する実務者会議」が設けられます。

この実務者会議は、全国書誌情報が「わが国の出版・書誌情報の基本インフラとして機能するよう出版、流通、書店、図書館、書誌データ作成機関が協力・連携を強化する」という見解をまとめました。

国立国会図書館は、実務者会議の意見も考慮しつつ一〇年一〇月には、版元から本が納入されたあと、三日ほどで新着情報サービスを開始するシステムを開発しました。二〇一二年からは、新着書誌情報と全国書誌情報が利用できるシステムも整えました。これは大きな前進でありました。

全国書誌情報は、納本制度により日本国内で出版された本は、基本的にすべて国立国会図書館で取集し、書誌データが作成されています。しかし、本が出版されてから全国書誌情報が頒布されるまでにタイムラグがあるため、新刊を購入した時点ですぐに利用できないという難点があります。

公共図書館は、新刊を中心に資料収集し、できるだけ早く資料を提供することをめざしているため、資料収集と同時に使用できない全国書誌情報は使いにくいのです。それだから、高額ではあっても、資料収集と同時に使える民間企業の書誌データに頼る状況がつづいています。

この状況を改善するため、私たち機構が、活字文化議員連盟と連携して「全国書誌情報の利活用に関する勉強会」（会長　細田博之：活字文化議員連盟会長）を発足させ、そのもとにＪＰＯ（日本出版インフラセンター）の協力を得て、実務者会議（座長　肥田美代子：文字・活字文化推進機構理事長）を設置したのは、二〇一五年九月九日のことでした。

ところで、国立国会図書館とは、そもそもどのような位置にあるのか。

国立国会図書館法は、「国立国会図書館は、図書その他の図書資料を集めて、国会議員の職務に役立てるとともに、行政や司法の各部門、さらに日本国民に対し、この法律に規定する図書館奉仕を提供することを目的とする」（第二条）と明記しています。

歴代館長は、図書館名の「国立」という面よりも、もうひとつの「国会」の側面だけを重視する姿勢をとりがちでした。国会議員の職務に奉仕することは、国会議員が国民を代表する立場であることを考えれば当然のことでありましょう。

他方、国立国会図書館法は日本国民に対して図書館奉仕を提供することを目的とするとともに、「あらゆる適切な方法により、図書館の組織及び図書館奉仕の改善につき、都道府県の議会その他の地方議会、公務員又は図書館人を援助する」（二一条）とも記しています。

これは、国立国会図書館が、わが国で唯一の「国立図書館」であり、そしてまた、わが国で唯一の「国会図書館」であって、日本の図書館界の頂点に立つ存在であることを示すものでありましょう。したがって全国書誌情報の無償かつ迅速なサービスは、国立国会図書館がすべての自治体議会や公務員や図書館人に奉仕することにほかなりません。

実務者会議は、書誌情報の開発・販売事業者をはじめ、出版流通、図書館、書店その他の団体から、つぎつぎと意見を聴きとり、七か月後の一六年四月、「これからの全国書誌情報のあり方について――いつでも、どこでも、だれでも使える」（答申）をまとめました。

その答申の内容を要約すれば、

① 迅速な情報提供に向けた「選書用近刊情報」の作成、
② 選書用近刊情報提供に向けた基盤整備
③ 普及・啓発の推進

④　地域書店と図書館の連携強化

などです。

全国書誌情報の迅速なサービスについては、まずJPO作成の「発売前書誌情報」に、選書業務に必要な情報をつけくわえて「選書用近刊情報」をつくる。この「選書用近刊情報」は、新着書誌情報が提供されるまでのあいだ、利用者に無償で提供する段取りとなります。

この段取りで実際にやれるかどうかを調べるため、公共図書館や書店の協力を得て、二次にわたる予備調査を実施した結果、「選書用近刊情報」は選書業務につかえることが実証されました。

この結果をうけて、選書用近刊情報から全国書誌情報まで国立国会図書館のフォーマットで運用できることになりました。「国立国会図書館サーチ」（NDLサーチ）に、JPOの発売前「選書用近刊情報」をのせ、API（外部提供インターフェース）をつうじて公共図書館その他へのサービスを提供するわけです。

このサービスが開始されると、

①　近刊情報が発売前に提供される
②　書誌情報購入の費用負担から開放される
③　異なる情報のとりこみができる

この三点が可能となります。

これらの実用化によって、近刊情報が発売前に提供されるため、選書・発注業務は便利になり、書誌情報購入の費用負担の心配もなくなります。もちろん、手続きとしては、過渡的には民間書誌情報と全国書誌情報を併用したり、あるいはきりかえたりする作業が必要です。

公共図書館や自治体は、指定管理者その他の業者とのあいだで、だいたい三年〜五年間の業務委託の契約をむすんでおり、全国書誌情報にきりかえるのは、その契約更新のときが好機となりましょう。

2　出版者の権利と海賊版と

それは、一本の電話からはじまりました。二〇一一年一二月の暮れのことでした。佐藤善孝・小学館顧問（当時）からの電話内容は、およそ次のようなものでした。「文化庁がまた、出版者の権利付与を先送りしてしまった。もう手の打ちようがない」。この電話にうながされて、私たち機構は、関係省庁からの情報収集につとめました。

文化庁は、二〇一〇年一一月、「電子書籍の流通と利用の円滑化に関する検討会議」を設置し、出版者への権利付与に関する検討をはじめています。その結果が公表されたのは一一年一二月二一日でした。

報告は、検討会議では「出版物にかかわる権利侵害は深刻な状況にあり、電子書籍市場の健全な発展のためには、何らかの措置を早急に図る必要性について、意見の一致をみた」としるしています。しかし結論は、

「電子書籍市場の動向を注視しつつ、国民各層にわたる幅ひろい立場からの意見を

もふまえ、出版者の権利付与のあり方について制度的対応を含めて、官民一体となって早急な検討を行うことが適当であると考えられる」というものでした。ひきつづき検討するという大義のもとで先送りしたのです。二五年前もおなじ手法がとられています。

あれは一九九〇年の夏でした。文化審議会は、「複写機の発達・普及という新たな状況を考慮すれば、(略)著作物の伝達上果たしている出版者の重要な役割を評価し、既存の出版権の設定の制度に加え、出版者にその出版物の複写を中心とした複製についても、一定の権利を認めることが必要であると考える」という報告を公表しました。これは、出版者を法的に保護する必要があるということを認めたものでした。さらに報告書はつづけて、「これは、実演家等について、著作権に準じる権利を付与して保護することとなったのと同様である」としたことから、出版界には著作隣接権の確立につながるという期待が生まれました。

著作権について確認すると、著作者が自分の作品の複製・頒布・翻訳・上映・放送などを独占し、利益をうけることのできる権利のことです。著作隣接権は、著作権に準じるもので、録音や録画、複製などを専有しうる権利のことです。

たとえば、映画会社には一般的に映画に対する著作権が保障されています。音楽・レコード会社や実演家、レコード製作者や放送事業者には著作隣接権がみとめられていますが、出版者にはみとめられていません。

出版物の著作権は、作家その他の著作者がもつのが一般的です。出版者が著作権を有するには、その著作者から譲ってもらわなくてはならない。けれども著作権は、著作者の死活にかかわっており、そう簡単に譲渡できるほど軽いものではないのです。

それだから、出版者は著作権に準じる著作隣接権を求めてきたわけですが、これについても著作者は、著作権が侵害されるおそれがあると警戒しています。

このように著作者と出版者の利害は対立しており、これを調整する人も組織もありませんでした。九〇年の文化審議会報告について出版者の中には、文化庁が利害調整に乗り出すのではないかと期待する者もいました。前途を照らす一条の灯《ともしび》のように見えたのでしょう。がしかし、それは、まぼろしに過ぎませんでした。

二一世紀にはいると、電子書籍が普及し、海賊版による侵害行為も続出します。それにもかかわらず、一九九〇年このかた、出版者の権利付与について、立法府で論議された足跡はなく、また社会的運動も起らず、事実上、凍結状態におかれてきました。

それから一五年後の二〇〇五年七月、「文字・活字文化振興法」が制定されます。活字文化議員連盟は、この法律の公布・施行にあたって、文字・活字文化の振興や教育、出版活動にかかわる二六項目の政策を明記した「文字・活字文化振興法の施行に伴う施策の展開」を策定しました。

この政策づくりにあたっては、文部科学省と議連実務者とのあいだですり合わせがおこなわれ、出版者の支援策を盛りこむことで意見が一致しました。議連実務者が原案に書きこんでいた「著作隣接権の確立」という政策について、文科省担当者は「経済界や著作者の賛同が得られない」と主張し、政策調整はながびきました。そうして議員会館の灯りがほとんど消えてしまったころ、「著作者及び出版者の権利保護の充実」という表現に落ち着いたのでした。

それから、さらにときを経て、中川正春文部科学副大臣（当時）の提案により、総務省、経済産業省、文部科学省の三省の「デジタル・ネットワーク社会における出版物の利活用の推進に関する懇談会」がひらかれたのは、二〇一〇年の早春三月でした。凍結状態にあった出版者の権利問題がおよそ二〇年ぶりに解凍作業に入ったわけです。

三省懇は、電子書籍や出版者の権利のありようについて論議を重ね、六月には「出版者の機能の維持・発展の観点から出版者に何らかの権利を付与することについて、その可否を含め検討する」という報告をまとめました。

文化庁は、この三省懇の方針をうけ、出版関連小委員会をつくり、関係団体からの意見聴取もおこなったが、その結論は引きつづき「検討する」というものでした。またも先送りしたのです。佐藤善孝氏から電話での依頼があったのは、この直後でした。

この間にも海賊版や自炊行為があいつぎ、わが国の出版界は大きな損害をこうむっていました。このころ、電通総研などが試算した海賊版不正流通の国内被害額は、一年間で二七〇〇億円にのぼり、北米における被害推定額は、〇七年から一一年までの五年間で一五〇〇億円から三〇〇〇億円に達するといわれていました。

出版者の権利とは、そうした海賊版やいわゆる自炊行為などの著作権侵害に対し、出版者が差止め請求できる権利のことです。この権利を持っていないため、出版者は電子書籍が大量にスキャンされて販売されても、著作物が無断で複製・販売されても、差し止め請求したり、提訴したりすることができないのです。

日本の出版者がそうした状況にあるとき、アジアの主要国や欧米諸国では、デジタル・ネットワーク社会に対応した基盤整備が進みました。すでにＧｏｏｇｌｅやＡｐｐｌｅやＡｍａｚｏｎをはじめとする海外の巨大ネットサービス事業者が、日本の出版市場に参入しているにもかかわらず、日本はそれに対応する制度づくりが遅れていたのです。

この要因のひとつは、わが国の縦割り行政のもとで、関係省庁の連携が不足し、デジタル時代に求められている総合的な施策をうち出せないということがありました。もうひとつは、さきほどもふれたように、出版者や著作者など関係者の利害が入り乱れ、それを調整する機能が失われていたことです。強力なリーダーシップがなければ、このふたつは解決できないほど根の深い問題でした。

一一年一二月の「先送り方針」の背景には、利害関係者の「調整不足」があり、文化庁にも、それを調整する意思がみられず、二〇年前の九〇年のときと、おなじ事情から先送りしようとしたのです。かつての轍を踏んではならない。文化庁の「先送り」を放置すれば、出版者は自炊や海賊版がひろまっても、手出しできない状態がつづきます。

私たち機構が、中川正春文部科学大臣（当時）と面談し、「中川勉強会」の設置について提案したのは、二〇一二年一月一三日でした。中川大臣は、文科副大臣のとき、三省懇を提唱するほど知識もゆたかな政策通であり、書籍の電子化やその流通のあり方を深く思案されていました。

中川勉強会の最大の目標は、出版文化産業の振興にあります。そのためには出版者の権利に関する関係者のコンセンサスと、出版者の結束が必要です。また印刷文化・電子文化を新しいステージに引きあげるには、著作権法の改正を避けてとおることはできない。

中川文科大臣は、私たち機構の提案をうけ入れられ、「文化庁がサボタージュをするなら、議員立法でやり遂げましょう」と明言されました。河村建夫・元文部科学大臣からも「文化庁にはやる気が見えない。超党派の議員連盟を結成して議員立法でやりましょう」という決意を得ました。

与野党の国会議員、出版者、作家・著作者、ＩＴ企業関係者など約二〇名で構成された「印刷文化・電子文化の基盤整備に関する勉強会」（略称：中川勉強会）の初会合がひらかれたのは、二〇一二年二月二四日でした。勉強会の座長には、中川正春文科大臣、事務局長には肥田美代子文字・活字文化推進機構理事長が就任しました。

中川勉強会のもとには、出版者、学者、研究者、弁護士などで構成されたワーキング・グループ（座長　肥田美代子事務局長）も設置され、事務局は文字・活字文化推進機構が担当しました。

ワーキング・グループ（ＷＧ）は、一二年六月一三日、一九日の二回にわたるＷＧで「中間報告」をまとめました。中間報告の核心は「出版者に対して著作隣接権―出版物に関する権利を速やかに設定することが適当である」というものでした。

明けて一三年を迎えると、出版者の権利をめぐるうごきは加速化します。二月七日、日本経済団体連合会の知的財産委員会は、著作隣接権付与案は、守られるべき権利者の意思が優先されないおそれがあるほか、権利者数の増加による流通阻害効果も予想されるなど、副作用が大きいとして、「出版者への著作権隣接権の付与とは異なる、「電子出版権」（仮称）の新設を提言しました。具体的には、電子書籍を発行する者に、違法電子書籍に対抗できる権利を与えるというものです。

これは、出版者の権利のありかたをめぐる基本的な相違点であり、両者の溝の深さを物語るものでした。これに決着をつけなければ一歩も前に進むことはできない。

中川座長は、知的財産権など関係法の大御所である中山信弘・東大名誉教授にたいし、「著作隣接権と電子出版権との統合について研究してほしい」と依頼し、肥田美代子事務局長は、「与えられた時間は少ない。一か月で結論を出してもらいたい」とお願いしたのでした。

中山教授は二月七日、知的財産権や著作権法にくわしい学者、専門家をあつめ、「出版等に係る法制度の統合的整備に関する研究会」（座長：中山信弘東大名誉教授）を発足させます。

衆議院議員会館でひらかれた第七回「中川勉強会」に、中山座長から「出版者の権利のあり方に関する提言」が提出されたのは、一三年四月四日でした。内容は「デジタル時代に対応すべく、現行出版権の拡張・再構成を文化審議会で検討する」というものでした。

著作者との契約で設定された現行の出版権が、原則として電子出版にも及ぶような法改正を提言されたのです。著作隣接権でも電子出版権でもなく著作者との契約にもとづく専用権の確立を主張したものでした。

中山座長は「出版者に、とうぜん発生する著作隣接権ではなく、著作者に淵源を有する出版権を拡大する。現行の出版権の規定はデジタル時代にはふさわしくない。電子出版にまで拡大する必要がある」と簡潔に説明されました。

経済団体連合会も、日本文藝家協会も賛意を示したが、出版者の一部からは「著作隣接権がいい」といった原則論に立つ意見が出されるなど、足並みの乱れがありました。それでも大勢は、中山座長提言について「多様な契約関係に応じるための内容となっている」と評価され、中川勉強会がまるごとひきとったのでした。

著作権法改正に備え、超党派の「電子書籍と出版文化の振興に関する議員連盟」（会長：河村建夫衆議院議員、事務局長：石橋通宏参議院議員）も発足しました。議員連盟は、デジタル・ネットワーク時代における出版・活字文化の振興とそのための社会的・制度的基盤整備の促進などをかかげ、二〇一三年度通常国会への著作権法改正案の提出を視野に活動をはじめました。

法案提出の権限は、政府と国会議員だけにあり、したがって、政府提出法案と議員提出法案のふたつに大別されることになります。石橋事務局長は、どちらの法案でも対応できるよう、各党会派にはたらきかけるとともに、他方では出版者や著作者など利害関係者の意見調整につとめました。

この機会をのがさずになんとかまとめあげようと懸命で、そうした努力はこれまでだれもやっていないことでした。かつて国際自由労連アジア太平洋地域事務所や国際労働機関につとめ、各国労働団体間の利害調整に腕をふるった「石橋手腕」が発揮されたと評価する声も聞かれました。

中川勉強会がスタートして、立法府の本気度を察知した文化庁は、あらためて関係団体からのヒアリングをはじめました。二五年にわたって出版者の希望をソデにしてきた文化庁が、前向きの姿勢に転じたことは、国会議員のうごきにうながされたものであったとしても歓迎すべきことでした。こうして政官民が「出版者の権利確立」という大枠で足並みを揃えたのでした。

結果的に著作権法改正案は、政府提出法案として提案されました。

その趣旨は、

「デジタル化・ネットワーク化の進展にともない、電子書籍がふえる一方、出版物が違法に複製され、インターネット上にアップロードされた海賊版被害が増加しており、紙媒体による出版だけを対象としている現行の出版権利制度を見直し、電子書籍に対応した出版権の整備を行う」

というものです。

出版権の設定については、出版に関する著作権を有する者は、その著作物について、文書もしくは図画として出版すること、または記録媒体に記録された著作物の複製物を用いて公衆送信をおこなうことをひきうける者に対し、出版権を設定することができる（七九条）と明記しています。

出版権の内容については、出版権者は、頒布の目的をもって、原作のまま印刷その他の機械的または化学方法により文書または図画として複製する権利、記録媒体に記録された著作物の複製物を用いて公衆送信を行う権利を専有できる（八〇条）としています。

出版権の設定が、紙媒体と電子媒体のふたつにわかれ、一体のものとして付与されていないため、著作者と出版者の契約のさいは、一体性のある出版権の設定が必要となりましょう。そのほうが海賊版対策の面でも実効性をたかめることができると考えられます。

第一一二条の（差止請求権）は、著作者、著作権者、出版権者、実演家または著作隣接権者は、その著作人格権、著作権、出版権、実演家人格権または著作隣接権を侵害する者または侵害する恐れのある者に対し、その侵害の停止または予防を請求することができるとしています。

法改正前は、紙の出版物のデジタル海賊版は、差し止め請求ができませんでしたが、改正後は、電子出版権を有していれば、デジタル海賊版にも効力が及ぶことになりました。

改正著作権法が施行されたのは、一五年一月一日のことでした。九〇年に先送りされてから二五年の時が過ぎ去り、一本の電話にうながされて、私たち機構が動きはじめてからでも、すでに三年の歳月が流れていました。

3 訪問購入規制と古本

東京・神田神保町は、本の街として名高い地域です。この街には、個性あふれる店舗が軒をつらね、小説から専門書、洋書、和本、唐本などじつにさまざまな古書が扱われているし、店の造作や本の並べかたも工夫がされていて、店先から店先へとうつるだけでゆたかな気分になる人が多いようです。

この古書店たちをたばねているのが、東京古書籍商業協同組合（略称：東京古書組合）で、設立されてから九〇年以上の歴史をもっています。古本屋の書架にならぶ古書の値段は、それぞれの書店が勝手に決めているものとおもう向きもありますが、そうではなく、一応のところ、毎日ひらかれる古書市場で相場が決定されています。その古書市場を開催するのが、東京では東京古書組合ということになります。

その東京古書組合とリサイクルブックストア協議会などの代表が、小学館顧問の佐藤善孝氏に案内されて、私たち機構にみえられたのは、二〇一二年秋の午後でした。依頼の内容は、改正特定商取引法の施行にかかわることでありました。二〇一二年八月一〇日に成立した改正特商法は、原則すべての物品を、訪問購入規制の対象物品とし、例外として消費者の利益を損なうおそれがないと認めるもののみ、規制の対象外とすることを政令で定める、としています。これに対し、書物やCD、DVDは消費者の利益を損なう物品ではないというのが、東京古書組合の主張です。

関係者の声に、もう少し耳を傾けてみます。

これまで消費者とのあいだでトラブルが起きた事例はみあたらない。しかもわが国では書籍の訪問購入（宅買い）は一〇〇余年の歴史がある。べつの視点からみれば、書物文化・読書文化のゆたかさの証明といえるだろう。引っ越しとかで蔵書を整理することになった消費者からの要望を受けて自宅訪問し、不要になった本を宅買いする。それでもたいがいは「換金」でなく、「処分・処理」の扱いが一般的である。宅買いは、あるていどまとまった量の本となるため、どうしても自宅や勤務先への訪問購入となる。それを古書市場にだして循環させている――。

この主張は、理にかなっていて、しかも書物のリサイクルとして理想的な方法にみえます。しかしながら消費者庁には、訪問販売の被害が多い高齢者からの相談件数がふえていることや、消費者の私生活が侵されていることなどから、訪問販売や訪問購入の規制をつよめる必要がありました。

たしかにまがいものの貴金属品や美術品を訪問販売し、高齢者から多額の金品をだましとる悪質な業者は見逃すことはできません。押し買い被害から消費者をまもるため、悪徳業者に法的な規制をくわえることは社会的にもだいじなことです。それとともに規制を強化して、健全な業者の営業活動までも縛るようなことになると、経済の活性化にブレーキをかけることになりかねない。

古本の訪問購入は、消費者が売りたい商品だけを買いとる商いであり、もうすっかり国民生活に馴染んでしまっています。規制強化の拡大は、古書業界の営業活動に大きな影響をあたえるだけでなく、書物を処理したい消費者までが不便をこうむることになります。

私たち機構は、特商法にかかわる消費者庁や経済産業省の施策を調べ、書籍などのメディア・コンテンツの宅買いには、消費者の利益を損なうおそれはない、と確信しました。

そうした調査資料をもとに、活字文化議員連盟、子どもの未来を考える議員連盟に説明し、その足で特商法や消費者政策にくわしい与党議員を訪問しました。肥田美代子理事長名で届けた「訪問購入規制の対象物品に関する要請書」には、「特商法施行に関する政令を定めるにあたっては、書物やＣＤやＤＶＤを規制の対象外にすること」としるされました。

国会議員たちとの面談の席では、古本の訪問購入は明治時代このかた、生活文化となっており、規制すること自体が理にかなったことではないと説明しました。地ならしがおわると、こんどは東京古書組合、全国古書籍商組合連合会とともに議員会館を訪問し、関係者から直接訴える機会をつくりました。

議員たちは「書物は宝石等の訪問購入と決定的にちがうことは承知している。書籍の訪問購入ではトラブルも起きていないことも考慮しなければならない」と好意的でした。

そうした行動が功を奏し、改正特定商取引法の施行にともなう政令では、書物、ＣＤ、

DVDは規制の対象外とされました。古書業界の結束した行動が成果をあげたわけで、私たち機構は、古書業者のうしろ姿をほんの少し押しただけでした。

新刊書店の廃業で読者が活字文化にふれる機会が減ったり、新刊書が店頭にならぶ時間が短縮されたり、読者には不便な事情がつみあげられています。古書店には、それを補い、人びとが本とめぐり合う豊饒《ほうじょう》な機会をつくっています。

東京・神田神保町の古書街を歩いてみると、日本の伝統的な読書文化・書物文化がひきつがれ、出版文化の基盤がかたちづくられていることがみえてきます。もちろん、これも出版者による新刊書籍、雑誌などの発刊がベースとなっています。

作家や著者の創作意欲を引きだし、次の作品につながるのは、新刊の売れゆきしだいです。読者が新刊本を購入して読むことで、書き手も育ち、知的創造を可能にしてゆく。それは、どれほど強調しても強調しすぎるということはないでしょう。

4　海外事業者にも消費課税

海の向こうから、インターネットで日本国内に配信される電子書籍、音楽、映画などの取引には消費税が課税されず、国内企業のネットサービスには消費課税が適用されるという状態がながくつづいてきました。

こうした不公平な税制を放置しておくと、消費税の引き上げにともなって価格差はどんどん拡大し、ビジネスそのものが成り立たなくなるおそれがあります。私たち機構が、海外事業者への消費課税の適用を求めて、ロビー活動を始めた動機はそこにありました。

すでに不公平な越境取引から生じる日本企業の不利益は莫大《ばくだい》なものでしたが、それを是正する手立ては確立されていなかった。わが国のネット配信業者にとって、まさに死活にかかわることであり、ロビー活動を必要とする課題の最たるものでした。

私たち機構がＪＰＯ（日本出版インフラセンター）と計らって、「海外事業者に公平な課税適用を求める対策会議」（会長　肥田美代子：公益財団法人文字・活字文化推進機構理事長）を立ち上げたのは、二〇一三年八月八日のことでした。この対策会議は、日本出版インフラセンター、日本書籍出版協会など出版八団体、文字・活字文化推進機構で構成されました。

ヤフーやニフティ、ドワンゴなどのＩＴ（情報技術）企業も、「インターネットサービスにおける公正な消費課税を求める連絡会」を設立し、ＩＴ業界の窓口を一本化してロビー活動に参画しました。

私たち機構を仲立ちにして、公平な課税適用を求める対策会議、公正な消費課税を求める連絡会のふたつの団体が共通のテーブルに着いたのは、これがはじめてのことでした。

ここで消費課税の不公平がどのようなことをもたらしてきたのかについて、記録することにします。日本の消費者が、国内事業者からインターネットをつうじて購入するデジタルコンテンツ（電子書籍、ネット広告、クラウド、音楽、映画など）には、国内取引として消費税が課されます。ところが海外事業者からネットを通じてデジタルコンテンツを購入すると、国外取引として扱われ、消費課税は課されない。つまり課税の対象外とされるわけです。

わかりやすくいえば、ネット通販の大手アマゾン（海外事業者）から買うと消費税はとられないけれど、おなじ種類のものでも、ドワンゴ（日本企業）から買うと消費税がかかる。

この理不尽な税のあつかいは、消費税三％が導入された一九八九年四月からつづいていたのでした。この頃、ネットビジネスはまだ姿がみえず、じっさいの損害も指摘されていないが、日本の出版界やネット業界は、二六年にわたって、このいびつな税制のもとにおかれていたのです。それが顕在化するのは、電子書籍元年といわれた二〇一〇年以降でありました。電子書籍の市場が大きくなり、電子取引がふえたことで、海外事業者と国内事業者との競争条件の不均衡がひろがったのです。

企業間の自由な競争は、市場経済のもとではとうぜんのことであり、健全な経済活動の姿です。がしかし、消費税に相当する分が、価格差として生みだされる仕組みは、公正な競争のさまたげとなります。どういうことかといえば、たとえば、国内業者と海外業者がおなじ電子書籍を二〇〇〇円で売ると、海外事業者は消費税分が利ざやとなります。また海外事業者が八%の消費税分を値引きすれば、消費者に八%ほど安い値段で提供できます。税率が一〇%に上がれば、価格差はさらにひろがり、消費動向にも大きな影響をあたえます。消費者の購買意欲は、負担の少ない海外企業の商品に向うからです。不公正な競争で国内業者の体力が失われると、わが国の文化的な投資は減少し、文字・活字文化の危機を招来するおそれがあります。

もちろん、財務省もまったく放置していたわけではない。「国境を越えた役務の提供に対する消費税の課税のあり方に関する研究会」を設置し、二〇一二年七月五日の初会合から六回にわたって、研究会を開催しています。しかし結論は出せず、衆議院解散・政権交代という政変もあって、中間報告書さえ公表されずに研究会は店じまいしたのでした。

こうした行き詰まり感のただようなかにあって、海外事業者に公正な課税適用を求める対策会議、公正な消費課税を求める連絡会、文字・活字文化推進機構の三者は、活字文化議員連盟、電子書籍と出版文化の振興に関する議員連盟、経済産業省、各党の税制調査会にたいし、「海外事業者のコンテンツにたいする公平な消費税課税に関する要望」を提出しました。二〇一三年八月二八日のことでした。

要望書には、ネット業界や出版界がかかえる消費課税の問題は、国家の根幹にかかわる「税制」であり、「国益にかかわることだ」という明確な認識がしるされています。

その後、三者は、国会議員向けの「海外事業者に公平な課税適用を求める公開フォーラム」などを断続的にひらき、世論に訴えました。超党派の「IT推進と公正な消費課税を実現する議員連盟」もスタートし、議員立法による税制改正法案の提出に備えました。

民主党（当時）はアマゾン、ヤフー、文字・活字文化推進機構からの意見聴取のあと、「インターネット等を通じて国外から行われている役務の提供に対する消費税課税の適正化のための措置に関する法律案」まとめ、各党間の意見調整につとめました。

立法府や三者のうごきと並行して税制調査会も「国境を越えた役務の提供に対する消費税」のありかたについて論議し、財務省も「消費税の課税の見直し」に着手します。こうした動きをへて二〇一五年五月、消費税法が改正され、国境を越えるデジタルコンテンツの配信その他の役務提供にかかわる消費税課税が見直されるにいたったのでした。

改正前は、国境を越えた役務の提供が、消費税の課税対象となるかは、事務所の所在地で判断されていました。このため、役務提供者が国内事業者のばあいは消費税が課税され、国外事業者のばあいは課税されない、ということが生じていたのです。

改正後は、国外事業者の電子書籍・音楽・広告の配信といった電子商取引にも消費税が課税されることになりました。実施時期は二〇一五年一〇月一日でした。消費税が導入されて二六年目、日本出版インフラセンターとともに、私たちが新しい運動の枠組みをつくり、ロビー活動に着手してから二年二か月ぶりの実現でした。この過程でＪＰＯの果たした役割には、じつに大きいものがありました。

5 新聞、書籍・雑誌と軽減税率

作家の浅田次郎さんの言葉は印象的でした。

「わたしは、本の刊行の際に値付けにはとてもこだわります。一〇〇〇円、一〇〇円のちがいで、人生の決定的な一冊を買い逃がしたんじゃないかという若いころの恐怖感がよみがえるからです。わたしは学歴がありませんが、それは、ハンディキャップにもならなかったし、コンプレックスにもなっていません。読書が、すべてのことを教えてくれたからです。読書さえできれば、人生はなんとかなる。貧乏な若者に読書ができないというハンディキャップを与えてはならない。社会がそういう努力をしなければならない」。

これは、二〇一五年一〇月二〇日のシンポジウム「新聞・出版文化を守り、民主社会の未来を語る会─軽減税率は子どもたちへの贈り物である」で、パネリストのひとり、浅田さんが話された内容の一部です。

消費税が引き上げられると、収入のない中学生や高校生には一〇円、一〇〇円のちがいであっても本が買えない。浅田さんは自分の体験に引きつけて、本や雑誌に対する軽減税率の適用を主張したのでした。

このシンポジウムは、日本新聞協会、日本書籍出版協会、日本雑誌協会、文字・活字文化推進機構の主催で、衆議院第一議員会館の大会議室で開催し、二〇一七年四月の消費税率一〇％に引き上げにあたっては、新聞、書籍、雑誌に軽減税率を適用することを訴えました。

軽減税率の導入は、政治家の判断に左右されます。そうした事情を考慮して、この日のシンポジウムは、超党派の活字文化議員連盟（会長：細田博之衆議院議員）、子どもの未来を考える議員連盟（会長：河村建夫衆議院議員）と共催し、軽減税率の導入に熱心な漆原良夫・公明党中央幹事会会長（衆議院議員　当時）、丹羽雄哉・自民党新聞販売懇話会会長（衆議院議員　当時）の出席を得て、その決意を語ってもらいました。

さかのぼって九年前の〇七年の春、私たち機構は、軽減税率の導入を実現するには、日本新聞協会と出版界の連携が大切だと考えました。そうして、活字文化議員連盟、日本新聞協会、活字文化振興出版会議による「活字文化懇談会」を発足させ、そのもとに「活字文化推進プロジェクトチーム」（座長鈴木恒夫衆議院議員）を設置し、消費税や再販制度など活字文化振興について意見交換しました。新聞界と出版界とがおなじテーブルに着いて、制度・政策について意見交換するのは、はじめてのことでした。

日本新聞協会は、消費税率を三％から五％に引き上げる法案の成立以前から、新聞にたいするゼロ税率・軽減税率の導入について与党にはたらきかけていました。出版界には消費税ゼロを求める意見もあり、軽減税率の導入という考えかたには馴染めないという空気もありました。

鈴木座長は席上、「文字・活字文化振興法を制定した根拠は、日本の文化の劣化を防ぎ、さらに発展させるためには新聞、書籍・雑誌の振興が大事だ。消費税減税もこの視点から考えたい。消費税5％を導入したとき、書籍・雑誌にどのような影響が出たのか」と、出版界に資料提出を求めました。その資料提出がないまま、このPTはしばらく休業の状態に入り、活字文化議員連盟の意向をうけて、再起動したのは二〇一〇年の春でした。

名称は「出版物に軽減税率導入を求める国民会議」として再起動させるつもりでしたが、出版関係者から「軽減税率の表現はストレート過ぎる」という指摘もあり、それで「税制・再販制度等に関する懇談会」の名称で、東京・千代田区の都市センターホテルで初会合をひらいたのは、一〇年五月二七日でした。

その後、私たち機構は国会議員や新聞協会、出版界に呼びかけて、数百名規模の集会やシンポジウムをつみあげ、新聞、書籍・雑誌にたいする軽減税率の必要性を訴えました。一四年には、活字文化議員連盟とともに緊急アピールを発表し、有識者によびかけたところ、作家、音楽家、書家、芸能家、華道家、画家、漫画家、大学教授、陶芸家、演出家ら約五〇〇人の賛同の署名があつまりました。新聞、書籍・雑誌への軽減税率の適用をもとめる主張は、有識者のあいだでもひろい共感をえたのでした。

国立国会図書館の調査では、EU二八か国のうち、ブルガリアとデンマークをのぞく二六か国で書籍に軽減税率が適用され、ブルガリア、デンマーク、スロバキアをのぞく二五か国では雑誌にも軽減税率を用いています。

書籍・雑誌に税を軽減している国のうち、フランス、ポルトガル、エストニアではポルノやバイオレンスを内容としたものは、軽減税率の対象からはずし、標準税率をあてはめています。こうした税制度を見ると、「知識には課税しない」、あるいは「最低限の課税しかしない」という欧州各国政府のつよいメッセージが心にひびいてきます。

新聞、書籍、雑誌といった出版物は、いろいろな意見や論評や思想を提供していて、国家や政治家にとっては、ときには耳の痛いことも報道します。出版ジャーナリズムは権力の監視役を果たしており、そうした非権力の役割を貫き通すとき、民主主義は健全な成長が約束されるものであることは、わが国の現代史がひとつの教訓となりましょう。

一五年一二月一六日に公表された一六年度税制改正大綱は、消費税率が一〇%に引き上げられる一七年四月に軽減税率制度を導入することを明示しました。対象品目は、『酒類及び外食を除く飲食料品』及び定期購読契約が締結された週二回以上発行される『新聞』です。

書籍・雑誌については、「日常生活における意義、有害図書排除の仕組みの構築状況等を総合的に勘案しつつ、引きつづき検討する」ことになりました。軽減税率導入をもりこんだ消費税関連法は、一六年三月一日衆議院、三月二九日参議院でそれぞれ可決・成立しました。その後、一七年四月に実施される予定だった消費税一〇%引き上げは、一六年秋の臨時国会で一九年一〇月に延期されています。

出版物のうち、新聞は軽減税率の対象となったが、そこにはどのような事情があったのか。与党税制調査会によると、軽減税率導入の目的は、低所得者の生活必需品への負担軽減という点にあります。そこでまず食料品について審議し、食料品のとりあつかいを決めたあと、新聞、書籍・雑誌の軽減税率のありかたについて話し合われました。

新聞は、毎日読まれるので、生活必需品と同じものとして認知され、加えて新聞購読料の負担は逆進性であることから、軽減税率が適用されることで、低所得者の負担がやわらげられると判断されたのでした。

また夕刊紙やスポーツ新聞には、不健全図書に該当する内容もみられるが、定期購読契約で宅配される新聞には、不健全図書にあてはまるような内容はふくまれていないと思案されました。こうして低所得者対策として軽減税率が適用されたのです。

日本新聞協会は、売上税が構想された八九年いらい、「民主主義や文化の基盤である知識には課税すべきではない」という趣旨の情報を発信しつづけていました。民主主義を支える公共財としての新聞を、全国どこでも容易に購入できる環境を維持してゆくうえで、軽減税率の適用は重要だと主張したのです。与党税制調査会への説明では、軽減税率の対象となる新聞の範囲についても基本的な考えかたを示したといわれています。対象範囲を自主的に決め、実現可能な政策として提言したことは、言論・表現の自由の確保という観点からも大きな意義があったといえましょう。がしかし、これは一歩をふみだしたものであり、駅売り新聞や発行が週二回以下の新聞などをどう扱うのか、課題が残されています。

他方、書籍や雑誌も人類の英知を結集した文字・活字文化の担い手として、あらゆる社会活動の基盤をささえており、その公共性と文化振興の役割をもつゆえに独占禁止法で特別の扱いを受け、再販制度が容認されています。これらの事情は書籍・雑誌に対する軽減税率を求める根拠となりうるものでした。しかし、いろいろな事情から、「有害図書」を排除する仕組みづくりが遅れ、与党税調が納得する制度設計を提示するまでに至りませんでした。与党税調の重鎮からは、出版界はこころをひとつにして、読者と出版界にとって最善の政策を提案するようにという指摘もありました。

ところで与党税調がいう「低所得者対策」の視点から書籍や雑誌に軽減税率を適用することは可能であろうか。ここでもまた、低所得者対策という条件にあてはまる書籍・雑誌と、そうでないものとの線引きは容易なことでない。そのためなのか、与党税調は、税制改正大綱では書籍・雑誌の「日常生活における意義」と表現されました。思慮の深さがうかがえる書きぶりであり、これによって軽減税率の対象となる書籍・雑誌の歩幅がひろくとられました。

出版界は、税制改正大綱で示された「日常生活の意義」「有害図書排除の仕組みの構築」について論拠を示し、提言内容をまとめなければならない宿題をかかえたのです。こうした作業にとりかかるため、私たち機構は、出版界に対して「書籍・雑誌の軽減税率に関する勉強会」の設置を提案し、これに応えて日本書籍出版協会は軽減税率専門委員会委員を軸に「書籍・雑誌の軽減税率に関する勉強会」を発足させました。

財務省や衆議院法制局との協議に備えて、著作権や文化芸術関連法にくわしい弁護士にも「勉強会」への参画をお願いし、事務局は、私たち機構が引きうけました。「勉強会」がスタートしたのは二〇一六年の晩夏のことで、ほぼ一年後の二〇一七年初秋までには、一定の方向性をしめす心構えで調査研究にとりかかりました。

さきほどもふれたように、食料品や新聞に適用した低所得者対策の観点からすれば、対象となる書籍・雑誌が限定されてしまいます。このため与党税調は、税制改正大綱に〝なお〟書きで「日常生活における意義」という文言を入れ、軽減税率の対象拡大にゆとりをもたせました。

ＥＵ諸国では、映画や演劇、美術その他の入場料、生花や種子の苗などに軽減税率をあてはめて用いることで、文化振興や産業の保護につなげています。こうした先進国の実例にまなび、わが国も軽減税率の対象を低所得者対策だけにかぎらないで、文化振興という哲学のもと、日本の読書文化や書物文化の伝統にふさわしい税の仕組みを確立する必要があります。そして、その文化振興を裏づけるのは、文字・活字文化振興法でありましょう。

第一条（目的）文字・活字文化が、人類が長い歴史の中で蓄積してきた知識及び知恵の継承及び向上、豊かな人間性の涵養並びに健全な民主主義の発達に欠くことのできないものであること（抄）。

第三条（基本理念）すべての国民が、その自主性を尊重されつつ、生涯にわたり、地域、学校、家庭その他の様々な場において、居住する地域、身体的な条件その他の要因にかかわらず、等しく豊かな文字・活字の恵沢を享受できる環境を整備すること（抄）。

文字・活字文化をひろく伝える出版物は、知識や知恵の継承という日常生活における文化的意義をもち、それをひとしく誰もが受けられる環境を整備する、とこの法律は強調しています。書籍・雑誌の日常的な意義を説明しているのです。

「子どもの読書活動の推進に関する法律」も、子どもの心をはぐくむ書籍・雑誌の文化的意義をあざやかにうきぼりにし、国・自治体にはそれを盛んにするための責務があるとしるしています。

もうひとつの宿題は、「有害図書排除の仕組みの構築」です。これは、ひとつまちがうと、憲法が禁じた表現の自由の侵害や検閲につながります。それだから立法府も行政府も、出版や言論、表現の内容に立ち入ることを自粛し、「有害図書・不健全図書」は、あくまでも出版者の自主規制の問題として距離をおいてきています。

出版界は、かつて悪書追放運動を教訓にみずから基準をつくりあげて対処してきた経験があります。各都道府県も青少年健全育成の立場から、区分陳列や販売制限義務を順守させる条例を制定しています。苦闘のすえにまとめた先人たちの知恵と工夫を、いま、あらためて再編集し、あしたに備えるべきでありましょう。

「有害図書」のあつかいは、税負担の公平性をたもつうえからも、全国一律で、しかも国民が客観的に判断できるものであることが望まれています。では、それを判断するのは、だれなのか。

軽減税率の対象となる書籍・雑誌を特定する責務をになう第三者委員会（法曹界、学識経験者、教育者、保護者、行政職員、出版人などで構成）を設置することです。この委員会は「有害図書はどれだ」と目をひからせるのではなく、「軽減税率の対象にふさわしいのはどれだ」とひろく包容した視点からみる必要がありましょう。

私たち機構は、出版界の自主的な努力をあと押しし、軽減税率が書籍・雑誌に適用されるまで立法府と行政府への働きかけをつづけます。

6　朗読指導者養成

読み語りや朗読は、とくべつの技術や技能を必要とするものはなく、だれにでも気軽にできる活動です。親が自分の膝に子どもを抱いて、絵本を読み語る。上手か下手かは問題ではないのです。

子どもが、親のぬくもりを感じながら、肉声による美しい日本語のシャワーを浴びせ、からだにすりこむことが大切です。微笑みかけたり、本を読んでくれたりする親を、子どもはもっとも安心できる存在として深く認識します。

就学前の絵本の読み語りが、その後の読書体験や人格形成に好影響を与えているという内外の読書世論調査は、親がくりだす愛着行動が子どもの精神の成長に好影響をもたらしていること裏づけるものでありましょう。

他方、自分の気持ちを言葉でいいあらわせずに、引きこもる子どももいます。自己表現力を育てる土壌がやせているのです。それをおぎなう最良の方法は、幼児期から読み語りをつみあげ、絵本や児童書への興味と関心をひきだし、語彙を豊かなものにする創意工夫でありましょう。乳幼児期の絵本や朗読の体験は、生涯にわたって心の成長に影響を与えるからです。

私たち機構が主催する「山根基世の朗読指導者養成講座」は、そうした考え方の延長線上にあり、「言葉の力で未来をひらく子どもを育てたい」という願望をこめています。朗読をとおして地域の人びとをつなぎ、子どものことばを育てる活動の核となる〝指導者〟を養成する。そのためには、高度な朗読力やリーダーシップを身につけなければならない。それがこの講座の骨法です。

ＮＨＫで初の女性アナウンサー室長としてアナウンサーを教育指導してきた山根基世氏

を講師に招くことで、この講座のブランド力が高まりました。この講座は、絵本から古典文学まで幅広い題材をとりあげ、豊潤な日本語文章の読み方を習得し、かつ指導力を有するものを育てることを目標にしています。

第一期の講座を開講したのは、二〇一五年四月一一日でした。講座日数は年間一二回です。一六年からは定数を六〇名に増員し、土曜日クラス、日曜日クラスにわけてきめこかい朗読指導をおこなっています。講座修了時の朗読発表会は、受講した老若男女がひとしく朗読指導者の域に達したことを印象づけるものになっています。

Ⅶ 新聞と本と書店の一〇年

1　いのちを護った新聞と本

私たち機構の設立から一〇年の道のりで、最も大きなできごとは、東日本大震災を経験したことです。二〇一一年三月一一日のことでした。地震の規模はマグニチュード九・〇というわが国の観測史上最大のものでした。

大地震は津波を起こし、東日本の人びとの生命と生活とそれを支えてきた緑の山河を破壊してしまいました。快適で便利な暮らしを約束していたはずの福島第一原発は、炉心溶解をおこして放射性物質を飛散させ、人びとから精神の落ち着きを奪いつくしました。

地震と津波と原発事故というトリプル災害は、将来にわたって多くの人びとを幸福から遠ざけてしまったのです。被災者の心のケアをふくめた復興は、二〇一七年冬現在、充分とはいえず、被災者の辛苦は深まっています。

文字・活字文化も大きな衝撃をうけました。被災地の新聞社は、総局や支局を津波でおし流されたり、販売所が水没したりしました。断水、停電、燃料不足、製紙工場の被災で新聞発行の継続があやぶまれたが、被災地外の遠方の新聞社と連携して紙面をつくって読者に届けたのでした。新聞が絶えることなく発行されたことは、被災地の人びとと世界をつなぎ、いのちを護ることにつうじていました。

大津波は、公共図書館や学校図書館、公民館図書室や書店もおし流し、人びとから知的財産をとりあげてしまいました。たとえば、釜石市内の老舗書店は、津波で全壊し四万冊以上の本や雑誌が流出し、岩手県の陸前高田市立図書館の蔵書約八万冊も消滅したと報じる記事もありました。

この荒涼たる事実は、被災地の人びとの活字文化にたいする欲求をたかめました。駐車場を仮店舗にした書店には、人びとが列をつくり、べつの場所では、一冊の雑誌を一〇〇人の人びとがまわし読みする光景もあったとつたえられています。

被災地の人びととの知的欲求に応えるため、出版界や図書館界は、東京をはじめ各地から絵本や書籍を贈り届けました。読書運動グループは、読み語りや朗読会を催して、子どもたちに慰めと自信と希望とを与えました。

人びとが書籍・雑誌・新聞を求めたのは、情報を得たいという単純な動機だけでなく、精神のよりどころを欲していたと思案されます。渇いた心には、潤いをもたらす本が必要だったのです。

本の中には、いろいろな生き方も困難をのりこえるヒントも、他人とのつながり方も、助け合う方法も、あらゆることがらが詰まっています。あの三・一一は、新聞の閲覧や本を読むという行為が、個人にとっても、社会にとっても、かけがえのない大切なものであることを、あらためて認識させたのでした。

東日本大震災はまた、国民の危機に際して、国のトップリーダーはどのようにふるまうべきかを考える機会ともなりました。

2　国民の読書力

これからしばらくは、出版科学研究所の調査データや毎日新聞・読売新聞の読書世論調査に拠《よ》りかかりながら、この一〇年の書籍・雑誌、新聞の動向について記録することにします。

わが国の出版市場は、縮小傾向にありますが、国民の読書量は総じて衰えていません。毎日新聞の〇六年の読書世論調査では、雑誌をのぞく「書籍を読む」と答えた人は四六％でした。それが一〇年後の一六年には、「読む」が四九％と三ポイント上昇しています。〇六年と一六年を年齢別で比較してみると、五〇代は五二％↓五六％、六〇代は四四％↓四九％、七〇代は三一％↓四六％と読書率があがっています。

他方、若い世代は一〇代後半が四八％↓四七％、二〇代は四九％↓四五％と低下し、働きざかりの三〇代は四六％↓四八％とわずかに伸び、四〇代は五二％↓五一％と微減しています。本を読む割合は、若い世代でひくくなる傾向が見られるものの、中高年層は大幅な上昇傾向にあることがわかります。

六五歳以上の人口が、全体の二五％を超えたのは、二〇一三年でした。読売新聞の読書調査では、書籍を読む割合は、ここ二〇年のあいだ、五割前後を上下しており、本を読む人口の減少はみられません。成人の読書人口に大きな変動は起きていないのであり、むしろ一定の範囲で落ち着いているといえるでしょう。「読書離れ」という言葉は、中高年世代にはあてはまらないのです。

気がかりなのは、大人たちの新聞離れです。

二〇年ほど前、国民の九三％は「ふだん新聞を読む」と答え、不読者はわずか六％でした。それが、二〇一六年には、「ふだん新聞を読む」と答えた人は六三％に落ち込み、不読者は三三％、じつに五倍増で（毎日新聞二〇一七年版「読書世論調査」）、新聞を読むという行為が生活のうしろのほうに退いてしまっています。

しかし新聞に対する信頼性が、どのメディアよりも高いことは大きな希望です。私たち機構は小学校、中学校、高等学校に公的資金で新聞を配備するよう求めてきました。第四次「学校図書館図書整備5か年計画」で小学校、中学校の図書館に新聞が配備され、第五次「学校図書館図書整備等5か年計画」（二〇一七年〜二〇二二年）では、高等学校にも配備されることになりました。

新聞は、子どもの心を育てるだけでなく、新聞を使った授業のひろがりの応援にもつながります。新聞閲覧と学力の関係を、全国学力テストでみると、新聞を毎日読んでいる子どもの正答率は国語A、国語B、算数A、算数Bともにたかくなっています。Aは基礎的知識、Bは活用能力を測ります。

新聞を読むことで、語彙力や読解力、表現力、論理的思考力、判断力を身につけているのです。新聞をよく読み、考える習慣をつくることは、国語だけでなく、すべての教科学習に好影響をあたえ、それは情報化社会を生きる基礎的な力となります。そうだとすれば、目先の効果だけに心を配らず、二〇年後、五〇年後を展望しながら新聞に親しむ子どもの育ちを応援することが大事でありましょう。

3 よく本を読む小学生

子どもの読書傾向はどうであろうか。それを知るには、毎日新聞社が毎年実施している「学校読書調査」に拠るのが最適です。この調査は一九四七年の第一回読書週間の実施に合わせて始まっていて、これほど長期間継続している全国的な読書調査はほかになく、貴重な情報が集積されています。

子ども（調査対象は小学校四年生以上と中学生、高校生）が、五月の一か月間に読んだ書籍（教科書・マンガ、雑誌などを除く）の平均冊数について、〇六年と一六年の一〇年間を比較してみると、小学生は九・七冊→一一・四冊、中学生は二・八冊→四・二冊、高校生は一・五冊→一・四冊となり、小中学生の伸びが非常に目立ちました。この世代も読書離れはしていない。

この理由は、二〇〇〇年以降の子ども読書年に関する国会決議、子どもの読書活動推進法と文字・活字文化振興法の制定、学校図書館図書整備5か年計画の充実、「朝の読書」活動、言語教育、図書館教育、読書推進運動のひろがりをはじめ制度・政策面の支えと、教育現場の努力が相乗効果をもたらしているといえましょう。

それでも、高校生になるとようすが変わります。高校生が本を読まない理由は、「他の活動等で時間がなかったから」「他にしたいことがあったから」「ふだんから本を読まないから」が多い（文部科学省「子どもの読書活動の推進に関する調査研究報告書」（二〇一六年）。本を読まない高校生の約七六％は、中学生のとき、本を（あまり、ほとんど）読まなかったと答えています。「本が好きでない」という答えも八割を超えています。

高校生になると、中学時代とはちがって教師や保護者の読書にかかわる働きかけが希薄なものになります。読書のことが親子のあいだで話題にならないのに加え、大学受験の準備、スマホあそびなど読書にあてる時間が短縮されるという事情があります。

中学生のとき、本を読まなかった子どもは、高校生になっても、大学生になっても本を読む姿勢に欠けています。不読の連鎖がつづいており、すくなくとも中学校卒業までに読書習慣をしっかりとつくることが大切と思われます。

全国大学生活協同組合連合会の学生生活実態調査では、一六年の一日の読書時間が「〇分」の大学生は四九％でした。「〇分」が四〇％の大台に乗ったのは一三年以降だが、それからわずか三年間で約九ポイントも増えたことになります。急速な変化を物語る数値です。

スマートフォンの利用時間は、一日平均一六一・五分で、前年より五・六分増えており、スマートフォンを手放せない学生の姿が鮮明に浮かびあがってきます。毎日新聞の読書世論調査によると、スマートフォンや携帯電話がなかった頃に比べて、一日のうちで本や雑誌を読む時間が「短くなった」と答えた人は四二％にのぼっています。「変わらない」は五〇％、「長くなった」はわずか四％です。救われる思いがするのは、スマートフォンが巷間を支配する世の中になっても、なお五割の人びとが本に手を伸ばしていることです。

公共図書館は、国民によくつかわれています。〇五年に二，九五三館だった図書館数は、一〇年後の一五年には三，二六一館に増え、個人貸出数も六億一，八二六万冊からおよそ七億三五二万冊へと大幅に伸びました。出版物の販売冊数は、〇五年の七億三，九四四万冊から、一五年の六億二，六三三万冊へと大幅に減少し、図書館の貸出数が新刊書店における販売冊数をうわまわる現象がみられます。

文部科学省の図書館調査では、〇五年と一五年をくらべると、登録者数はやや減りぎみなのに、帯出者（館外貸出者）数は六・三％、貸出冊数は一四％増え、一人当たりの貸出冊数は伸びています。

公共図書館のなかには、貸出率をあげるために、ベストセラー本や文庫本を揃えるところもあります。地域の図書館は、生涯学習や社会教育に欠かせない社会教育施設であり、貸出し率優先の見直しをはじめ選書や納品の方法、運営や管理などについて国民的な論議をおこなう必要があります。

4　町の本屋さん

二〇〇〇年このかた、読者が読み終えた新刊本を買いとって、安く売る新古書店が流行しています。長期にわたる景気低迷で所得が伸び悩み、本を安く買える新古書店に人気があつまったのです。

一〇年は電子書籍元年とさわがれました。その後、一二年にはアマゾンのキンドル、楽天のｋｏｂｏその他新たな読書デバイスが売りだされ、いよいよ電子書籍の時代が到来するといった予測論で世の中はわきたちました。

電子出版は現在、電子コミックが八〇％近くを占め、文字主体のシェアは、わずか一三・五％にすぎないという状況にあります。成長率も一〇％台で伸び悩み、読者はふえる気配はみられません。長い文章はマンガのように簡単に読めないし、アイテム数も足りないせいもあって、読者に満足感を与えるに至っていないのです。

この一〇年は、日本の出版市場が急速に縮小してゆく歳月でした。〇六年には二兆一五二五億円だった出版物の販売額は、一〇年後の一六年には一兆四，七〇九億円へと約七千億円も減少しています。二〇年前の一九九六年の販売額は約二兆六，五六四億円だったので、その約半分にまで落ち込んだことになります。

この要因は、国民の読書離れというよりも、日本経済の長期低迷やデフレ経済による可処分所得の伸び悩み、少子化による若年人口の減少や書店の閉鎖などがひびき、新刊書が売れなくなったことが大きい。

全国の公共図書館は、東京の業者から本を買い、市民はネット書店で本を求める。これがひろがるにつれて本屋さんの経営が成り立たなくなって店じまいし、人びとは身近なところで新刊書を買う機会をうしないました。

かつて二万軒あった書店は、一七年五月現在、一万二五二六軒に減少し、書店がひとつもない市区町村は、一七年三月現在で三六三にのぼります（一七年八月二日「読売新聞」）。文本を購入する場所が消え去り、人びとが本や雑誌を手軽に購入できなくなったのです。文庫本の販売減も惜しまれる。

その要因もまた、町の書店の減少にあります。本を手軽に買いにいける場所が失われてしまえば、読者は、図書館で借りて読む以外になく、図書館もまた貸出率が上がることを歓迎して、文庫本を大量に書架に並べて、読者サービスに努めている事例もあります。

他方、電子出版市場は一六年、一，九〇九億円で前年比二七・一％増と高い成長率をみせました。紙の出版市場と電子出版市場を合計した市場規模は一兆六，六一八億円で前年比〇・六％と微減にとどまったのは、電子出版の成長が支えたからです。紙と電子のふたつを把握しなければ、出版市場の全体像は把握できない時代を迎えたのです。

Ⅷ　数々のイベント

1 読書と体験の子どもキャンプ

各界の人びとの協力を得て、私たち機構はほぼ毎月五回前後のシンポジウムやフォーラムを開催してきました。テーマは、言語力向上や読書推進、学校図書館や公共図書館の改善、税制改革や著作権法改正など制度・政策にかかわるものでした。この一〇年間で約七〇〇回をこえるイベントは、読書の楽しみをひろめ、文字・活字文化の歴史的な役割や日本語の豊かさを伝える最大の広報活動でした。記念年史にはそうしたイベントを年表として掲げるのが一般的ですが、ページ数の制約もあり、小史では特徴的な催事にしぼり記録にとどめることにします。

読書と体験の子どもキャンプは、最初、国民体育大会をイメージして「わくわく読書国体」として企画されました。教育委員会や図書館その他の関係団体といっしょになって、四七都道府県で順次ひらいてゆこうというものでした。

キャンプには、子どもの読書活動推進法で定められた「子どもの読書の日」（四月二三日）に、文部科学大臣から表彰された「読書活動優秀実践校」の子ども一〇〇人（小学校五、六年生）を招待します。一班一〇人で一〇班に分かれて合宿に入ります。北海道から沖縄まで、招待する子どもの出身地はまちまちで、ゆたかな郷土色のただようキャンプです。

このキャンプは、読書やことばにひかりをあてる講演やワークショップ、野外炊飯、社会見学、野外読書その他の活動をつうじて、「読む・書く・聞く・話す」という総合的な「言葉の力」を身につけること目的としています。日ごろからよく本を読む子どもたちなので、その読書体験を基礎に、キャンプは読書の楽しさや本の選びかた、それを伝える力を備えた「読書子ども大使」の養成を視野に入れたものとなりました。

一回目は、〇八年八月二日から四日までの二泊三日で滋賀県琵琶湖を周航する「学習船・うみのこ」を会場に実施しました。これをかわきりに全国で開催する考えでしたが、経験をつむうちに、会場や費用の面から「国体方式」のむつかしさがわかりました。それで三回目からは、国立オリンピック記念青少年総合センター（東京・代々木）に会場をうつしたのでした。八回目からは、キャンプ期間を三泊四日にのばしています。

一回目のワークショップのテーマは、「みんなの読書大作戦」。本を読まない子どもを、読書に向かわせるための作戦を思案する企画です。ある班は「簡単な絵本やマンガからはじめて、少しずつステップアップし、最後は大人向けの文庫が読めるようになる」と提案しました。

本が好きになるための四つの作戦を思案した班もありました。①本は自分に良いということを教える、②図書館へ誘う、③将来に役立つということを教える、④本を読む気がおこる読書マラソンを実施する—というものでした。

一七年の「読書と体験の子どもキャンプ」のテーマは、「ことばの貯金箱—未来に届けよう！　わたしたちのメッセージ」。一〇〇人全員で全国紙、ブロック紙、県紙を延べ三日約七時間かけて読みくらべ、一〇班がそれぞれ関心のある記事を切り抜き、分析・評価して模造紙にそれを張り出す。記事のまわりには、子どもたちのコメントが並ぶ。ぜんたいの発表会では記事を選んだ理由を説明しなければならない。読む力、表現力、情報を取り出す力が求められるワークショップです。

子どもたちは、新聞を熟読したあと、「新聞の面白さを発見した」「知らない言葉をたくさん覚えた」「これからは新聞を毎日読む」と感想を述べていました。子どもにキャンプの体験を語らせる報告会を開催する学校もあります。一〇回目を迎えた一七年の「読書と体験の子どもキャンプ」に参加した子どもには、「子ども大使の認定証」が渡されました。

2　知の地域づくり

「知の地域づくり」は、早稲田大学大学院教授の片山善博氏が鳥取県知事時代に提唱されました。住民が考える力や想像する力を身につけ、それを発揮できる地域社会を創造するという考え方です。そのためには無尽蔵の知識や情報を得ることのできる読書に親しみ、その読書を支える図書館を充実させなければなりません。

学校図書館は、教師と子どもの読書や学習、研究活動をサポートし、公共図書館は、生涯にわたって学びつづける人びとを支援し、地域の書店は、住民に身近な文字・活字文化の発信の場所であり、この三者は「知の地域づくり」運動に欠かせない存在です。

このような考え方のもとで、私たち機構は、二〇一〇年国民読書年の継続事業として、全国リレーシンポジウム「知の地域づくりを考える―読者・書店・図書館をつなぐ」を企画し、実施してきました。

一一年七月の東京会場におけるシンポジウムをかわきりに、翌一二年からは年一～四回、全国各地（名古屋、広島、高槻、山梨、熊本、仙台、帯広、和歌山、釧路、秋田、東京など）で実施し、各会場とも参加者は三〇〇名～五〇〇名を数えました。講師は、片山教授をメインに組み立て、シンポジウムのパネリストは作家、教育者、自治体首長、教育行政関係者、新聞論説委員などで、それぞれの立場から読書体験で得たものを紹介し、図書館のあるべき姿について語りあいます。

基調講演やシンポジウムでは、公共図書館は市町村立学校と同様、基礎行政の単位として地域の教育・文化を支えるなど、教育的な機能や役割があり、それゆえに自治体の責任で管理・運営すべきだということが主張されました。

Ⅵの「全国書誌情報の改革」の項でも少しふれていますが、公共図書館は、図書館の管理・運営を民間企業・団体に委託する事例がふえ、いろいろな悪影響が出ています。たとえば、自治体の責任で図書館運営をやる場合は、ひとも育ち、館長や職員は自治体の人材として蓄積されます。域外業者へ丸投げ委託すれば、地元の人材育成が劣化し、図書館人が育てられないという落とし穴ができます。このほかにも、競争入札による図書購入の弊害も指摘されるなど、シンポジウムではそうした図書館の実態があきらかにされました。

書籍・雑誌は、再販売維持制度で保護され、値引き販売は原則禁止されていますが、実際には値引き競争が行われています。それができるのは出版取次会社と書店とのあいだで結んだ再販売価格維持契約で、公共図書館などへ納入される図書は、再販制度の適用除外にしたからです。この契約のせいで、自治体は競争入札をつうじて価格の値下げを求めることができるようになりました。

他方、地域の小さな書店は、この競争入札に応札できる力に欠けているところが大勢です。このため、大手の図書館流通専門会社（東京）がスケールメリットを用いて大幅値引きで落札し、シェアを拡大しています。まず落札したうえでその値引分は書誌データ代や装備費、指定管理費、人材派遣費などの事業で収益を得て、とりもどしていると指摘されています。

シンポジウムでは、組織力のある地域書店は、知恵と力を結集して、公共図書館への図書納入の実績を積みかさねている事例も紹介されます。北海道の幕別町立図書館は、ながいあいだ、東京の図書館流通専門会社から購入していましたが、いまは地元書店からの納入にきりかえ、装備は社会福祉施設へ委託して障害者の仕事を確保し、雇用創出につながっています。町の税金が納税者に還元され、域内を循環する仕組みができたのです。公共図書館のこうした新しい試みは、全国各地で検討されつつあります。

シンポジウム「知の地域づくり」の開催をきっかけに、指定管理者と図書納入業者を分離するとか、指定管理は地元業者に委託するとかの新しい試みもはじまりました。図書購入を地元書店に切りかえ、選書作業に地元書店が参画するようになって、ベストセラー本や文庫本の複本納入も見直され、蔵書の質的な向上につながっています。

公共図書館の蔵書を見直すための手っ取り早い方法は、選書作業に地元書店や目利きの司書を参画させる仕組みをつくることです。

3　読書・言語力推進フォーラム

このフォーラムは、言語の力の育ちを支援するために企画されました。朗読、講演、トークショー、少女少年合唱団、コンサート、児童書販売その他、親子で楽しむフォーラムをつうじ、本や新聞と親しみ、楽しむ国民の社会的誕生を支援しようというものです。

朗読とコンサートには、日本語が美しく表現された童話の朗読と、童謡・唱歌をとおして、子どもたちの情緒や感性をはぐくみたいという希望がこめられています。童謡や唱歌は、日本の四季を表現する美しいことばの森であり、子どもたちにつたえたい文化です。

東日本大震災の避難者を招待してひらかれた二〇一一年一一月の「心をあたためよう、朗読とコンサートのつどい」（秋田県横手市）における由紀さおりさん、安田祥子さん姉妹による童謡と、真野響子さん、眞野あずささん姉妹による朗読は、千名近い参加者に「言葉の力」を届ける大舞台となりました。

読書・言語力推進フォーラムやシンポジウムを興味深いものにするには、その道の熟練者の力が必要であり、知名度の高い歌手や女優、作家や学者、アナウンサーや新聞記者、建築家や科学者などひろい分野の人たちに出講・出演してもらいました。

読書・言語活動にかかわる催事は、〇八年以降、毎年三～五回ほど、「伝えよう、美しい日本語」「絵本の魅力と可能性を考える」、「学校図書館の出番です」「ことばと体験のキッズフェスタ」、「ことばを感じよう」、「日本を見つけた！語りと体験のわくわくパーク」などの名称で開催されてきています。

親子参加型のワークショップでは、絵本づくりや新聞づくりにも挑戦するとともに、親子がひとつの作業をつうじて、コミュニケーション深めるようすが伝わってきますし、子どもは絵本が好きだということも感じとれます。

新聞を読んで気になる記事を切り抜き、好きな言葉を見つけたり、記事に感想を書き込んだりするワークショップは、新聞の読み方・表現の仕方を学ぶのに最適の時間となります。「新聞がこんなに面白いとはしらなかった」――子どものこのひと言は、フォーラムのかかげる目標に近づいたことを説明しています。

日本人は、平安時代のむかしから書を読むことに勤勉でありました。江戸時代になると、さらにたくさんの書物が書かれ、印刷され、多くの人びとに読まれました。読書は、時代を切りひらく知識や知恵を学ぶのに欠かせないものでした。

飢饉の見舞いに贈られた米百俵を、食べずに売り、その資金で将来のための学校を建て人材を育てた城下町・長岡藩のエピソードはあまりにも有名です。このエピソードは、瞬時に情報が世界に散りゆくネット時代だからこそ、じっくりとかみしめてみる必要があります。

米国や韓国の大統領候補選挙で、対立する候補者を中傷する「フェイクニュース（虚偽ニュース）」が飛びかい、イギリスではＥＣ離脱派の政党党首が意図的に流した嘘の情報が、ネットの後押しを得て、急速にひろがり、状況を大きく動かすということがありました。

虚偽ニュースが世の中に影響を与える時代に生きる子どもたちに、何が真実なのかを見極める力を習得させるには、社会的に信頼度の高い新聞に親しみを持たせ、日常的にふれる機会をつくることが望ましいのです。

日本経済新聞社との共催で、〇八年から開催している言語活動・読書推進リーダーの育成をめざすシンポジウムは、大学生やビジネスパーソンを主たる対象にしたものです。テーマは「仕事に活かす読書術」、「デジタル時代の文字・活字文化」、「問われる成人力〜国際競争力を勝ち抜く」など多様であり、新聞社との共催で、一〇年にわたってつづけてきた事業はこれが唯一です。

日経新聞はこのシンポジウムを「学生応援プロジェクト」と位置づけ、若い世代の参加を重視する姿勢を貫いています。一七年九月に開催したシンポジウムのテーマは、「テクノロジーが育てることば」でした。

私たち機構は、東京都との共催による「言語力の向上」をめざすイベントを開催してきました。初回は東京国際フォーラムを会場に、「すてきな言葉と出会う祭典―言葉の力を東京から」のテーマでひらきました。二〇一〇年一一月二三日、国民読書年の年で、参加者は約五〇〇〇人でした。

その後は、猪瀬直樹都知事（当時）の発案で、言語力を鍛える養成講座や研修会を都内各地でひらき、東京都職員の言語力の向上に関するとりくみを支援してきました。それは現在、都立高校の書評合戦（ビブリオバトル）として継承されています。

ビブリオバトルは、「本の紹介ゲーム」ともいわれており、参加者がおすすめ本一冊をもち寄り、順番に五分間で本を紹介する。それぞれの発表のあとに参加者全員でディスカッションを二、三分おこなう。「どの本がいちばん読みたくなったか？」を基準に全員で投票し、最多票を集めた本を「チャンプ本」とする。

このビブリオバトルは、スピーチ力や表現力をみがき、文章の理解力を深め、読みたい本を発見できるなどのメリットがあります。たとえば、一七年秋の「平成二九年度高校生書評合戦東京大会（一、二回戦）」は、子どもたちの言語能力の向上を目的にひらかれ、都立高校一九〇校二四三名、私立高校一一校一七名の高校生が発表しました。

高校生によるビブリオバトルは読書離れのいちじるしい高校生に、読書の楽しさを伝えつづける営みとして大きな意義があります。

4 言語力検定事業から撤退

私たち機構は、〇九年度から一三年度までOECD（経済協力開発機構）の国際成人リテラシー（知識を応用する力）調査と、PISA（国際学習到達度調査）の測定内容に準拠した言語力検定事業を実施しました。思考力や応用力、表現力の習得を重視した自由記述式を採りいれた検定内容は、これまでのテストにはみられないものでした。

当初は、言語力検定の作問をつくれる専門家が見あたらず、いくつかの大手の学習塾にも相談しましたが、作問のむつかしさを指摘されるばかりでした。最後は、PISAの作問に日本から参加している教育研究者二名に依頼し、それに高校、中学校の現職教師、教育測定研究所の専門家を加えて作問グループをつくり、検定体制を整えたのでした。

私たち機構が言語力検定をおこなった理由は、日本人の言語力が低下していること、日本の高校生の読解力が衰えていること、高校生が本を読まなくなっていること—などがありました。言語力の中には漢字、熟語、文法、敬語などがあり、それらを全部測ることが必要ですが、私たち機構は、読解力にしぼって測定することにしたのでした。国際的にも言語力を測るもっとも効果的な方法として読解力の測定が選ばれており、言語力検定もそれに倣《なら》ったのです。

言語力検定では、印刷物やインターネットの文章、図表や画像を読んで正確に理解し、その背景にあるものを考え、根拠をあげて自分の意見を表現する力を測ります。

検定内容の一部を採用した新しい授業づくりにとりくむ学校も散見されるようになりました。「言語活動の充実」を目標とする学習指導要領への移行、全国学力・学習状況調査の定着、記述式重視の授業や読書教育の進展など、ＰＩＳＡ型学力を視野に入れた教育実践もひろがりをみせました。

高校や大学の入試や適正検査でも「読む・書く・考える・伝える」といった言語力に注目する傾向もつよまりました。こうした各分野における教育改革のとりくみは、一二年のＰＩＳＡの読解力、数学的応用力、科学的応用力の国別順位の上昇につながったものと評価されており、言語力検定事業もそうした教育活動の普及に一定の役割をはたすことができたのでした。

教育現場からは、語彙力や漢字力も、言語力検定に入れて測定内容をやわらくすべきだという提言もよせられましたが、それは言語力検定の基本をゆるがすものであり、期待にそうことはできませんでした。

内容面ばかりでなく、学校のカリキュラムが目いっぱいで、学校側には「検定を受け入れる時間がとれない」という事情もありました。こうしたもろもろのことがあって、事業拡大の展望が見込めない現実を率直に認め、一三年度から言語力検定事業から撤退したのでした。すでに受検準備中の学校、団体については、受検者の立場を考え、一年間延長の移行措置をとりました。

言語力検定事業から退くことを惜しむ声や、作問の方法を学びたいという教育現場からの要望もありましたが、私たち機構の側の事情により、それらの希望に添うことができませんでした。

この一〇年史を制作中の二〇一七年一二月、大学入試センターは二〇二一年から開始される「大学入学共通テスト」の試行調査問題を公表しました。その内容は、私たち機構が実施した言語力検定の内容とおなじく記述式問題が導入されています。

わけても日常生活につながる題材を採用したり、二つの立場のうち、一つを選び、その理由について根拠をあげて説明したりするなど、暗記した知識を問う入試の見直しが行われるようです。

知識を暗記させる授業の必要であることを認めつつも、それが思考力や応用力を養う点では成功してこなかったことを考慮すると、二〇二一年からの大学入試の改革方針は歓迎すべきことでありましょう。

IX 文字・活字文化と議員連盟

1　再販制度が生んだ活字文化議員連盟

私たち機構のロビー活動は、超党派の議員連盟との連携をぬきに語ることはできない。文字・活字文化の振興にかかわる法制度や政策立案など、この一〇年のロビー活動でとりくんだ政策の歩幅はかなりひろいものとなりました。

私たち機構は、活字文化議員連盟（会長　細田博之衆議院議員）、子どもの未来を考える議員連盟（会長　河村建夫衆議院議員）、学校図書館議員連盟（会長　河村建夫衆議院議員）の活動方針の決定過程に参画するなど、実務をこなす役割を担っています。活字文化議連、子どもの未来議連は、私たち機構の肥田美代子理事長が、国会議員時代に各党の議員にはたらきかけて設立され、設立後はみずから事務局長をつとめていた経緯があります。

活字文化議員連盟は、二〇〇三年七月に設立されましたが、その前身は「活字文化議員懇談会」です。懇談会設立のきっかけとなったのは、九五年の夏、公正取引委員会に設置された再販問題検討委員会が、再販売価格維持制度を廃止する方向性をうちだしたことにあります。

本や新聞などの著作物については、出版者と新聞社が書店その他の販売店に販売価格を指定することが独占禁止法でみとめられています。新聞や本が再販対象とされているのは、その文化性の高さからです。

新聞は、健全な民主主義の発展にかかわる公共財であり、全国どこでも同一紙・同一価格で、国民生活に欠かせない情報を迅速にとどけ、国民にひとしく「知る権利」をあたえています。書籍・雑誌も、どこに住んでいても、同一書籍・雑誌は、同一価格で購読し、読むことができます。まさに再販は、読者をまもるために存在しており、再販制度の廃止は、日常性のなかの文化の基軸を崩壊させることでもあるのです。

肥田美代子衆議院議員が自民党の鳩山邦夫衆議院議員とともに、再販制度をまもることを目標にかかげた超党派の「活字文化議員懇談会」を立ち上げたのは一九九七年の春でした。懇談会は、公取委が再販廃止法案を出してくれば、すべての会派の力を結集して否決するというつよい決意を表明しました。

このうごきに驚嘆した公取委は、廃止方針の撤回に追いこまれます。懇談会は、〇三年七月、ひきつづき、新聞や書籍・雑誌など活字文化の振興にとりくむため、活字文化議員連盟へと発展的に改称し、衆参両院の国会議員二八六名が会員に登録されました。第二議員会館の肥田事務所から衆参両院の議員に議連入会を勧誘するための電話回数は六六回と記録されていました。

公取委は、〇五年の秋になって、こんどは新聞の特殊指定を見直す方針を明らかにしました。この特殊指定というのは、地域や購読期間のちがいを理由に、新聞の購読料を安くしたりする不公正なとりひきを禁じた公取委の告示のことです。特殊指定は、再販制度、不当な購読勧誘行為の禁止とあわせ、新聞の安定した流通を支える三本の矢の一本であり、このうち、どれが欠けても、新聞の戸別配達網の維持はむつかしいものとなります。

このため、活字文化議員連盟は、日本新聞協会などと連携し、公取に結論の見送りを発表させ、新聞の特殊指定を維持させました。このほかにも活字文化議員連盟は、文字・活字文化振興法の制定、国民読書年の国会決議の採択、出版物への軽減税率の適用などの活動で主導的な役割をはたしてきています。

一五年九月には「文字・活字文化の記録を保存し、国民がいつの時代にも活用できるわが国を代表する書誌データの一元化につとめる」という目標をかかげ、全国書誌情報の利活用に関する勉強会を発足させました。

勉強会は一六年四月、「これからの全国書誌情報のあり方について」の答申をまとめ、議連に報告しました。答申は、国立国会図書館が作成する全国書誌情報を迅速かつ無償で提供する基盤を整備するとしています。これをうけて政官民が協力し、公共図書館をはじめ誰もが自由に使えるよう書誌データの整備を進めています。

2　国立国際子ども図書館と子どもの未来を考える議員連盟

子どもの未来を考える議員連盟の前身は、国際子ども図書館設立推進議員連盟です。初代の会長は、かつて参議院のドンといわれた村上正邦参議院議員で、事務局長は肥田美代子参議院議員でした。この推進議連は、国立国会図書館が一八歳未満の子どもが使えないものであることや、国際性ゆたかな社会人を育てるには、アジアの国々の子どもにも開放された〃子どもが主役〃の国際子ども図書館の設立が必要である、という考え方をもとに設立されました。

設立このかた、二〇〇〇年子どもの読書年に関する国会決議の採択をはじめ、この決議をベースにした「子どもの読書活動推進に関する法律」の制定で主役を演じました。五月の国立国際子どもの図書館の開館を機に、子どものあしたにかかわる、より幅ひろい活動をおこなおうという決意をこめ、一〇月一九日、子どもの未来を考える議員連盟に改組しました。

その後、同議連は日本、韓国、中国の童話交流事業を開始し、童話を介して二一世紀に生きる子どもたちの心を通わせる努力を続けています。私たち機構とは学校図書館の充実、読書と体験の子どもキャンプの実施などの事業にとりくんでいます。

3　学校司書の法制化と学校図書館議員連盟

一四年四月二五日に発足した学校図書館議員連盟は、学校図書館を用いた教育活動を支援するという目標にかかげてスタートしました。学校図書館法があるにもかかわらず、学校図書館は長いこと冷遇され、図書資料も人も不足する状態がつづいています。

それでも学習指導要領は言語活動の充実をうたいあげ、子どもの自主的な探究活動が重視されるに至って、あらためて図書館の役割が注目されるようになりました。学校図書館議員連盟は、最優先の政策として学校司書の法制化を明記した学校図書館法改正にとりくみ、一五年四月に施行されました。

議員連盟は、法の施行にさきだつ一四年一〇月の総会で、学校司書の養成・研修については、国と地方公共団体の責任のもとで推しすすめるとともに、共通教材の新聞、雑誌、図鑑、百科事典、辞書の複数配備など教育課程の変化に対応した適切な蔵書構成にとりくむ方針を決めており、これは今後の政策の柱となるものです。

私たち機構は、活字文化議員連盟、子どもの未来を考える議員連盟、学校図書館議員連盟の事務局の一翼を担っています。

4　電子書籍と出版文化の振興に関する議員連盟

「電子書籍と出版文化の振興に関する議員連盟」（会長　河村建夫衆議院議員）の設立総会は、二〇一三年六月一三日、衆議院第一議員会館でひらかれました。総会ではグローバル化やデジタル化が急速に進展する新しい時代にあって、わが国の出版・活字文化をまもり、大きく育てなければならないという方針を決めました。

議連は、出版者への権利付与を実現するための著作権法改正にとりくみ、二〇一四年四月二五日に可決・成立させました。この改正により、出版者の海賊版への対応が可能となり、紙の本の原出版者には、文庫化などにたいする再許諾権が認められました。

日本の出版・活字文化は、企画から編集、制作、宣伝、販売という総合性に支えられて

「知の再生」に貢献してきています。この総合力を蓄えた出版事業のかたちは、電子出版権のもとでも尊重されなければならないものです。

それは、どういうことかといえば、電子書籍で本を出す場合、企画・編集までは紙の本の出版方法とおなじだが、つぎの工程である印刷とか製本とか、出版者・取次・書店への流通とかは、すべて不要となります。つまり出版業界の英知でつみあげてきた総合的な出版事業の形態が崩壊する可能性があるわけです。

大きくかまえていえば、出版界はいま、文明史的な岐路に立たされているといえましょう。一五世紀の半ば、ドイツ生まれのヨハネス・グーテンベルグの発明した印刷は、人類史上の大事件でありました。人間の知識と経験、わけても言葉（書物や新聞、雑誌）が印刷という方法をもって広く、遠くまで届けられるという偉大な力をもたらしたからです。

そうした歴史の連なりのなかで構築されてきた出版事業の総合性は、いちど崩れてしまうと、もはや、その再興は不可能でありましょう。これは、電子書籍と出版文化の振興に関する議員連盟と私たち機構とが共有した危機意識でもありました。総合力を蓄えた出版事業のかたちは、電子出版権のもとでも維持されるべきだと主張する理由は、この点にあります。

一四年秋の著作権法改正は、海賊版に対する応急措置というべきものであり、わが国の出版文化の発展にとっては一里塚に過ぎない。電子書籍時代に入り、問われていることは、日本の出版文化の主流である小規模出版者の権利を保護できるかにあります。それはわが国の多様な読者の〝読む権利の保障〟とかかわっているからです。

この議員連盟は、わが国の独自の出版・活字文化の保存・継承とさらなる発展に向けてとりくむとしており、出版文化産業のロビー活動のパートナーといえるでしょう。

X 資料編

1　子ども読書年に関する決議

〔衆議院〕

平成十一年八月一〇日
衆議院本会議

わが国をはじめ世界七十一か国の元首、首脳が国際連合の「子どものための世界サミット」に集い、「子どもを政治の最優先に」と誓い合ってから、やがて十年が経過する。しかし、この誓いが、いまだ十分に果たされていないことは、世界の子どもたちの現状をみれば明らかであり、わが国はもとより、国際間のさらなる努力が求められている。

わが国は、平成十二年（西暦二〇〇〇年）五月五日の「こどもの日」に、ひろく世界の子ども文化に貢献し得る国立の国際子ども図書館を開館する。

本とふれあうことによって、子どもたちは言葉をまなび、感性を磨き、表現力を高め、創造力を豊かなものにし、人生をより深く生き抜く力を身につけることができる。

政府は、読書の持つ計り知れない価値を認め、国立の国際子ども図書館が開館する平成十二年（西暦二〇〇〇年）を「子ども読書年」とし、国を挙げて、子どもたちの読書活動を支援する施策を集中的かつ総合的に講ずるべきである。

右決議する。

平成十一年八月九日

参議院本会議

〔参議院〕

国際連合は一九九〇年九月、子どものための世界サミットを開き、ここに参加した世界七十一か国の元首、首脳たちが「子どもを政治の最優先に」と誓い合ってから十年が経過した。

しかし、広く地球的観点からこれを見れば、貧しさゆえに子どもの人権がないがしろにされ、また、子どもたちが最大の犠牲者となる民族間や宗教上の対立による地域紛争が絶え間なく続いているのも現実の姿と言わねばならない。「子どものための世界サミット」における国連の誓いを結実させるためには、国際間のさらなる努力が必要である。

先進国でもモノの豊かさに心の成長が追い付かず、わが国においても校内暴力、いじめ、衝動的行動、薬物汚染など子どもたちの悲惨な事件が相次いでいる。こうした、子どもたちの乾いた心に、潤いを取り戻すことは、今日差し迫った課題である。

われわれは、二十世紀の反省と教訓の上に立って、新しい世紀を担う地球上のすべての子どもたちに、人権を尊重し、恒久平和の実現と繁栄に努め、伝統的な文化遺産を継承することを託さなければならない。

その第一歩として、わが国は世界にさきがけ、平成十二年、西暦二〇〇〇年の「こどもの日」の五月五日、質も量も世界で最大規模の蔵書と読書環境を整え、内外情報の収集と発信のできる国際子ども図書館を開館することになっている。

読書は、子どもたちの言葉、感性、情緒、表現力、創造力を啓発するとともに、人としてよりよく生きる力を育み、人生をより味わい深い豊かなものとしていくために欠くことのできないものである。

本院は、この読書の持つ計り知れない価値を認識して、子どもたちの読書活動を国を挙げて応援するため、平成十二年、西暦二〇〇〇年を「子ども読書年」とすることとする。

右決議する。

2　子どもの読書活動の推進に関する法律

（平成十三年十二月十二日　法律第百五十四号）

（目的）

第一条　この法律は、子どもの読書活動の推進に関し、基本理念を定め、並びに国及び地方公共団体の責務等を明らかにするとともに、子どもの読書活動の推進に関する必要な事項を定めることにより、子どもの読書活動の推進に関する施策を総合的かつ計画的に推進し、もって子どもの健やかな成長に資することを目的とする。

（基本理念）

第二条　子ども（おおむね十八歳以下の者をいう。以下同じ。）の読書活動は、子どもが、言葉を学び、感性を磨き、表現力を高め、創造力を豊かなものにし、人生をより深く生きる力を身に付けていく上で欠くことのできないものであることにかんがみ、すべての子どもがあらゆる機会とあらゆる場所において自主的に読書活動を行うことができるよう、積極的にそのための環境の整備が推進されなければならない。

（国の責務）

第三条　国は、前条の基本理念（以下「基本理念」という。）にのっとり、子どもの読書活動の推進に関する施策を総合的に策定し、及び実施する責務を有する。

（地方公共団体の責務）

第四条　地方公共団体は、基本理念にのっとり、国との連携を図りつつ、その地域の実情を踏まえ、子どもの読書活動の推進に関する施策を策定し、及び実施する責務を有する。

（事業者の努力）

第五条　事業者は、その事業活動を行うに当たっては、基本理念にのっとり、子どもの読書活動が推進されるよう、子どもの健やかな成長に資する書籍等の提供に努めるものとする。

（保護者の役割）

第六条　父母その他の保護者は、子どもの読書活動の機会の充実及び読書活動の習慣化に積極的な役割を果たすものとする。

（関係機関等との連携強化）

第七条　国及び地方公共団体は、子どもの読書活動の推進に関する施策が円滑に実施されるよう、学校、図書館その他の関係機関及び民間団体との連携の強化その他必要な体制の整備に努めるものとする。

（子ども読書活動推進基本計画）

第八条　政府は、子どもの読書活動の推進に関する施策の総合的かつ計画的な推進を図るため、子どもの読書活動の推進に関する基本的な計画（以下「子ども読書活動推進基本計画」という。）を策定しなければならない。

2　政府は、子ども読書活動推進基本計画を策定したときは、遅滞なく、これを国会に報告するとともに、公表しなければならない。

3　前項の規定は、子ども読書活動推進基本計画の変更について準用する。

（都道府県子ども読書活動推進計画等）

第九条　都道府県は、子ども読書活動推進基本計画を基本とするとともに、当該都道府県における子どもの読書活動の推進の状況等を踏まえ、当該都道府県における子どもの読書活動の推進に関する施策についての計画（以下「都道府県子ども読書活動推進計画」という。）を策定するよう努めなければならない。

2　市町村は、子ども読書活動推進基本計画（都道府県子ども読書活動推進計画が策定されているときは、子ども読書活動推進基本計画及び都道府県子ども読書活動推進計画）を基本とするとともに、当該市町村における子どもの読書活動の推進の状況等を踏まえ、当該市町村における子どもの読書活動の推進に関する施策についての計画（以下「市町村子ども読書活動推進計画」という。）を策定するよう努めなければならない。

3　都道府県又は市町村は、都道府県子ども読書活動推進計画又は市町村子ども読書活動推進計画を策定したときは、これを公表しなければならない。

4　前項の規定は、都道府県子ども読書活動推進計画又は市町村子ども読書活動推進計画の変更について準用する。

（子ども読書の日）

第十条　国民の間に広く子どもの読書活動についての関心と理解を深めるとともに、子どもが積極的に読書活動を行う意欲を高めるため、子ども読書の日を設ける。

2　子ども読書の日は、四月二十三日とする。

3　国及び地方公共団体は、子ども読書の日の趣旨にふさわしい事業を実施するよう努めなければならない。

（財政上の措置等）

第十一条　国及び地方公共団体は、子どもの読書活動の推進に関する施策を実施するため必要な財政上の措置その他の措置を講ずるよう努めるものとする。

附則

この法律は、公布の日から施行する。

衆議院文部科学委員会における附帯決議

政府は、本法施行に当たり、次の事項について配慮すべきである。

1　本法は、子どもの自主的な読書活動が推進されるよう必要な施策を講じて環境を整備していくものであり、行政が不当に干渉することのないようにすること。

2　民意を反映し、子ども読書活動推進基本計画を速やかに策定し、子どもの読書活動の推進に関する施策の確立とその具体化に努めること。
3　子どもがあらゆる機会とあらゆる場所において、本と親しみ、本を楽しむことができる環境づくりのため、学校図書館、公共図書館等の整備充実に努めること。
4　学校図書館、公共図書館等が図書を購入するに当たっては、その自主性を尊重すること。
5　子どもの健やかな成長に資する書籍等については、事業者がそれぞれの自主的判断に基づき提供に努めるようにすること。
6　国及び地方公共団体が実施する子ども読書の日の趣旨にふさわしい事業への子どもの参加については、その自主性を尊重すること。

3　文字・活字文化振興法

（平成十七年七月二十九日　法律第九十一号）

（目的）

第一条　この法律は、文字・活字文化が、人類が長い歴史の中で蓄積してきた知識及び知恵の継承及び向上、豊かな人間性の涵養並びに健全な民主主義の発達に欠くことのできないものであることにかんがみ、文字・活字文化の振興に関する基本理念を定め、並びに国及び地方公共団体の責務を明らかにするとともに、文字・活字文化の振興に関する必要な事項を定めることにより、我が国における文字・活字文化の振興に関する施策の総合的な推進を図り、もって知的で心豊かな国民生活及び活力ある社会の実現に寄与することを目的とする。

（定義）

第二条　この法律において「文字・活字文化」とは、活字その他の文字を用いて表現されたもの（以下この条において「文章」という。）を読み、及び書くことを中心として行われる精神的な活動、出版活動その他の文章を人に提供するための活動並びに出版物その他のこれらの活動の文化的所産をいう。

（基本理念）

第三条　文字・活字文化の振興に関する施策の推進は、すべての国民が、その自主性を尊重されつつ、生涯にわたり、地域、学校、家庭その他の様々な場において、居住する地域、身体的な条件その他の要因にかかわらず、等しく豊かな文字・活字文化の恵沢を享受できる環境を整備することを旨として、行われなければならない。

2　文字・活字文化の振興に当たっては、国語が日本文化の基盤であることに十分配慮されなければならない。

3　学校教育においては、すべての国民が文字・活字文化の恵沢を享受することができるようにするため、その教育の課程の全体を通じて、読む力及び書く力並びにこれらの力を基礎とする言語に関する能力（以下「言語力」という。）の涵養に十分配慮されなければならない。

（国の責務）

第四条　国は、前条の基本理念（次条において「基本理念」という。）にのっとり、文字・活字文化の振興に関する施策を総合的に策定し、及び実施する責務を有する。

（地方公共団体の責務）

第五条　地方公共団体は、基本理念にのっとり、国との連携を図りつつ、その地域の実情を踏まえ、文字・活字文化の振興に関する施策を策定し、及び実施する責務を有する。

（関係機関等との連携強化）

第六条　国及び地方公共団体は、文字・活字文化の振興に関する施策が円滑に実施されるよう、図書館、教育機関その他の関係機関及び民間団体との連携の強化その他必要な体制の整備に努めるものとする。

（地域における文字・活字文化の振興）

第七条　市町村は、図書館奉仕に対する住民の需要に適切に対応できるようにするため、必要な数の公立図書館を設置し、及び適切に配置するよう努めるものとする。

2　国及び地方公共団体は、公立図書館が住民に対して適切な図書館奉仕を提供することができるよう、司書の充実等の人的体制の整備、図書館資料の充実、情報化の推進等の物的条件の整備その他の公立図書館の運営の改善及び向上のために必要な施策を講ずるものとする。

3　国及び地方公共団体は、大学その他の教育機関が行う図書館の一般公衆への開放、文字・活字文化に係る公開講座の開設その他の地域における文字・活字文化の振興に貢献する活動を促進するため、必要な施策を講ずるよう努めるものとする。

4　前三項に定めるもののほか、国及び地方公共団体は、地域における文字・活字文化の振興を図るため、文字・活字文化の振興に資する活動を行う民間団体の支援その他の必要な施策を講ずるものとする。

（学校教育における言語力の涵養）

第八条　国及び地方公共団体は、学校教育において言語力の涵養が十分に図られるよう、効果的な手法の普及その他の教育方法の改善のために必要な施策を講ずるとともに、教育職員の養成及び研修の内容の充実その他のその資質の向上のために必要な施策を講ずるものとする。

2　国及び地方公共団体は、学校教育における言語力の涵養に資する環境の整備充実を図るため、司書教諭及び学校図書館に関する業務を担当するその他の職員の充実等の人的体制の整備、学校図書館の図書館資料の充実及び情報化の推進等の物的条件の整備等に関し必要な施策を講ずるものとする。

（文字・活字文化の国際交流）

第九条　国は、できる限り多様な国の文字・活字文化が国民に提供されるようにするとともに我が国の文字・活字文化の海外への発信を促進するため、我が国においてその文化が広く知られていない外国の出版物の日本語への翻訳の支援、日本語の出版物の外国語への翻訳の支援その他の文字・活字文化の国際交流を促進するために必要な施策を講ずるものとする。

（学術的出版物の普及）

第十条　国は、学術的出版物の普及が一般に困難であることにかんがみ、学術研究の成果についての出版の支援その他の必要な施策を講ずるものとする。

（文字・活字文化の日）

第十一条　国民の間に広く文字・活字文化についての関心と理解を深めるようにするため、文字・活字文化の日を設ける。

２　文字・活字文化の日は、十月二十七日とする。

3　国及び地方公共団体は、文字・活字文化の日には、その趣旨にふさわしい行事が実施されるよう努めるものとする。

（財政上の措置等）

第十二条　国及び地方公共団体は、文字・活字文化の振興に関する施策を実施するため必要な財政上の措置その他の措置を講ずるよう努めるものとする。

附則

この法律は、公布の日から施行する。

4　国民読書年に関する決議

〔衆議院〕

平成二十年六月六日
衆議院本会議

文字・活字は、人類が生み出した文明の根源をなす崇高な資産であり、これを受け継ぎ、発展させて心豊かな国民生活と活力あふれる社会の実現に資することは、われわれの重要な責務である。

しかしながら、我が国においては近年、年齢や性別、職業等を越えて活字離れ、読書離れが進み、読解力や言語力の衰退が我が国の精神文明の変質と社会の劣化を誘引する大きな要因の一つとなりつつあることは否定できない。

我が国の国会はこうした危機意識から、平成十一年（西暦一九九九年）に「子ども読書年に関する決議」を衆参両院で採択、平成十三年（西暦二〇〇一年）には「子どもの読書活動の推進に関する法律」を制定、さらに平成十七年（西暦二〇〇五年）には「文字・活字文化振興法」を制定し、具体的な施策の展開を政府とともに進めてきた。

学校における「朝の読書運動」の急速な浸透、読書の街づくりの広がり、様々な読書グループの活性化など、国民の間の「読み・書き」運動の復活、振興などはその効果の顕著な例である。

こうした気運の一層の発展をめざし、われわれは「文字・活字文化振興法」の制定から五年目の平成二十二年（西暦二〇一〇年）を新たに「国民読書年」と定め、政官民協力のもと、国をあげてあらゆる努力を重ねることをここに宣言する。

右決議する。

平成二十年六月六日
参議院本会議

〔参議院〕

文字・活字によって、人類はその英知を後世に伝えてきた。この豊穣で深遠な知的遺産を受け継ぎ、更に発展させ、心豊かな社会の実現につなげていくことは、今の世に生きる我々が負うべき重大な責務である。

しかし、近年我が国でも「活字離れ」と言われて久しく、年齢層を問わず、読書への興味が薄れていると言わざるを得ない。これが言語力、読解力の衰退や精神文明の変質の大きな要因の一つとなりつつあることは否定できない。

我々はこの事実を深刻なものと受け止め、読書の価値を見直し、意識の啓発を目指し、政府と協力してあらゆる活動を行ってきた。一九九九年に「子ども読書年に関する決議」を両院で採択、二〇〇一年には「子どもの読書活動の推進に関する法律」を立法、さらに二〇〇五年には「文字・活字文化振興法」を制定し、具体的な施策の展開を推し進めてきた。

それらに呼応して「朝の十分間読書運動」の浸透、読書の街づくりの広がり、様々な読書に関する市民活動の活性化など、読書への国民の意識は再び高まりつつある。

この気運を更に高め、真に躍動的なものにしていくため、二〇一〇年を新たに「国民読書年」と定めたいと思う。これにより、政官民が協力し、国をあげてあらゆる努力を重ねることをここに宣言する。

右決議する。

5　基本財産・維持会員・寄附金の提供法人・団体・個人一覧（二〇一七年一一月現在）

企業

ＩＨＩ
旭化成
アサヒグループホールディングス
イオン
王子製紙
キヤノン
国際紙パルプ商事
サカタインクス
資生堂
小学館不動産
新生紙パルプ商事
新日本製鐵
セブン＆アイ・ホールディングス
聖教新聞社
大日本印刷
電源開発
東京機械製作所
東京電力
東芝
東洋インキ製造
凸版印刷
トヨタ自動車
日本紙パルプ商事
日本新聞インキ
日本製紙

日本たばこ産業
日本電信電話
パナソニック
ベネッセコーポレーション
三井住友銀行
三井住友信託銀行

出版

潮出版社
柑出版社
KADOKAWA
角川春樹事務所
協同出版
くもん出版
講談社
集英社
主婦の友社
小学館
新興出版社
新潮社
第三文明社
ダイヤモンド社
東京堂
東洋経済新報社
日本図書普及
NHK出版
ひかりのくに
フレーベル館
文芸社
文藝春秋
ポプラ社
マガジンハウス

広告

アサツーディ・ケイ
朝日広告社
ジェイアール東日本企画
大広
電通
東急エージェンシー
日本廣告社
博報堂
博報堂DYメディアパートナーズ
フロンテッジ
マッキャンエリクソン
読売広告社

団体

家の光協会
学校図書館整備推進会議
教科書協会
出版文化産業振興財団
全国古書籍商組合連合会
全国出版協会
全日本紙製品工業組合
読書推進運動協議会
日本印刷産業連合会
日本雑誌協会
日本漢字能力検定協会
日本児童図書出版協会
日本出版取次協会
日本書籍出版協会

日本書店商業組合連合会
日本新聞協会
日本製紙連合会
日本専門新聞協会

労働組合

NHK労連
NTT労働組合
情報産業労働組合連合会
全国電力関連産業労働組合総連合
全日本自治団体労働組合
日本教職員組合

医療

日本医師会
日本歯科医師会
日本薬剤師会

学校

樟蔭学園大阪樟蔭女子大学

個人

小林美智子
斎藤博明
佐藤俊晴
佐藤　薫
主藤孝司（パスメディア）
林　明夫（開倫塾）
平山　茂（EDIX）

6　公益財団法人 文字・活字文化推進機構　役員

会　　長　福原　義春（資生堂名誉会長）
副 会 長　阿刀田　高（山梨県立図書館長　作家）
理 事 長　肥田美代子（出版文化産業振興財団理事長　童話作家）
副理事長　白石興二郎（日本新聞協会会長　読売新聞グループ本社代表取締役会長）
副理事長　相賀　昌宏（日本書籍出版協会理事長　小学館代表取締役社長）
専務理事　渡辺　鋭氣（文字・活字文化推進機構事務局長）
理　　事　朝比奈　豊（日本新聞協会理事　毎日新聞社代表取締役会長）
足立　直樹（凸版印刷代表取締役会長）
石井　　直（日本広告業協会副理事長　電通会長）
一力　雅彦（日本新聞協会副会長　河北新報社代表取締役社長）
伊藤　雅俊（日本アドバタイザーズ協会理事長　味の素代表取締役会長）
岡田　直敏（日本新聞協会副会長　日本経済新聞社代表取締役社長）
北島　義俊（大日本印刷代表取締役社長）
鹿谷　史明（日本雑誌協会理事長　ダイヤモンド社代表取締役会長）

羽山　正孝（日本製紙連合会理事長）
平林　彰（日本出版取次協会会長　日本出版販売代表取締役社長）
船坂　良雄（日本書店商業組合連合会会長　大盛堂書店代表取締役社長）
堀　憲郎（日本歯科医師会会長）
山田　雅義（日本印刷産業連合会会長　印刷工業会会長）
山本　信夫（日本薬剤師会会長）
渡辺　雅隆（日本新聞協会理事　朝日新聞社代表取締役社長）

以上　理事一九名、五〇音順

監　事　北村　哲男（弁護士）
　　　　能勢　正幸（公認会計士）
顧　問　細田　博之（衆議院議員　図書議員連盟会長　活字文化議員連盟会長）
　　　　河村　建夫（衆議院議員　子どもの未来を考える議員連盟会長
　　　　学校図書館議員連盟会長）

公益財団法人　文字・活字文化推進機構　評議員

議　長　柿本　寿明（日本総合研究所シニアフェロー）
　　　　秋田喜代美（東京大学大学院教授）

飯塚　浩彦（日本新聞協会理事　産経新聞社代表取締役社長）
大垣　守弘（書店新風会会長　大垣書店代表取締役社長）
大島宇一郎（日本新聞協会理事　中日新聞社代表取締役社長）
梶　昭次郎（東京大学名誉教授　帝京大学学術顧問）
亀井　忠雄（三省堂書店代表取締役社長）
小峰　紀雄（学校図書館整備推進会議議長　小峰書店代表取締役社長）
設楽　敬一（全国学校図書館協議会理事長）
下村　満子（ジャーナリスト）
竹下　晴信（日本児童図書出版協会会長　評論社代表取締役社長）
林　明夫（開倫塾代表取締役社長）
林　真理子（作　家）
坂東眞理子（昭和女子大学理事長）
藤井　武彦（トーハン代表取締役社長）
松信　裕（有隣堂代表取締役社長）
山根　基世（アナウンサー）

以上　一七名、五〇音順
（二〇一七年一二月現在）

7　公益財団法人 文字・活字文化推進機構 歴代役員一覧

役職	名前	在任期間	経歴
会長	福原　義春	2007・10〜　現在	(資生堂名誉会長)
副会長	阿刀田　高	2007・10〜　現在	(日本ペンクラブ会長 作家)
副会長	長尾　真	2011・12〜2012・6	(国立国会図書館長)
副会長	大滝　則忠	2012・6〜2013・3	(国立国会図書館長)
理事長	肥田美代子	2007・10〜　現在	(出版文化産業振興財団理事長 童話作家)
副理事長	秋山耿太郎	2011・12〜2013・6	(日本新聞協会会長 朝日新聞社代表取締役社長)
副理事長	内山　斉	2009・6〜2011・6	(日本新聞協会会長 読売新聞グループ本社代表取締役社長)
副理事長	相賀　昌宏	2010・7〜　現在	(日本書籍出版協会理事長 小学館代表取締役社長)
副理事長	北村　正任	2007・10〜2009・6	(日本新聞協会会長 毎日新聞社代表取締役社長)
副理事長	小峰　紀雄	2007・10〜2010・6	(日本書籍出版協会理事長 小峰書店代表取締役社長)
副理事長	白石興二郎	2011・6〜　現在	(日本新聞協会会長 読売新聞グループ本社代表取締役社長)
副理事長	長尾　真	2008・6〜2011・11	(国立国会図書館長)
副理事長	俣木　盾夫	2007・10〜2011・11	(日本広告業協会理事長 電通代表取締役会長)
専務理事	渡辺　鋭氣	2007・10〜　現在	(文字・活字文化推進機構事務局長)
理事	朝比奈　豊	2011・12〜　現在	(日本新聞協会理事 毎日新聞社代表取締役社長)
理事	足立　直樹	2007・10〜　現在	(凸版印刷代表取締役社長)

7　公益財団法人 文字・活字文化推進機構 歴代役員一覧

理事	飯田　真也	2015・3〜2017・11	（日本新聞協会理事 朝日新聞社代表取締役社長）
理事	池田　弘一	2007・10〜2011・6	（アサヒビール代表取締役会長兼CEO）
理事	石井　直	2017・6〜現在	（日本広告業協会副理事長 電通会長）
理事	石﨑　孟	2011・6〜2016・6	（日本雑誌協会理事長 マガジンハウス代表取締役社長）
理事	一力　雅彦	2014・6〜現在	（日本新聞協会理事 河北新報社代表取締役社長）
理事	伊藤　雅俊	2016・6〜現在	（日本アドバタイザーズ協会理事長 味の素代表取締役会長）
理事	稲木　歳明	2015・1〜2016・6	（日本印刷産業連合会会長 共同印刷代表取締役社長）
理事	上野　徹	2009・6〜2011・6	（日本雑誌協会理事長 文藝春秋代表取締役会長）
理事	大久保　浩	2007・10〜2009・6	（日本漢字能力検定協会副理事長）
理事	大久保満男	2007・10〜2015・6	（日本歯科医師会会長）
理事	大橋　信夫	2008・2〜2013・7	（日本書店商業組合連合会会長 東京堂書店代表取締役社長）
理事	岡田　直敏	2015・6〜現在	（日本新聞協会理事 日本経済新聞社代表取締役社長）
理事	荻田　伍	2011・6〜2011・11	（アサヒビール代表取締役会長）
理事	唐澤　祥人	2007・10〜2010・6	（日本医師会会長）
理事	川嵜　隆生	2011・6〜2011・11	（日本新聞協会理事 西日本新聞社代表取締役社長）
理事	河村　建夫	2007・10〜2011・11	（衆議院議員 子どもの未来を考える議員連盟会長）
理事	菊池　育夫	2009・6〜2010・11	（日本新聞協会副会長 北海道新聞社代表取締役社長）
理事	喜多　恒雄	2011・12〜2015・4	（日本新聞協会副会長 日本経済新聞社代表取締役社長）
理事	北島　義俊	2007・10〜現在	（大日本印刷代表取締役社長）

理事　木村　伊量　2013・6〜2015・1（日本新聞協会理事 朝日新聞社代表取締役社長）
理事　古賀　伸明　2009・12〜2011・11（日本労働組合総連合会会長）
理事　小坂　健介　2007・10〜2011・12（日本新聞協会副会長 信濃毎日新聞社代表取締役社長）
理事　児玉　孝　2008・6〜2014・8（日本薬剤師会会長）
理事　佐治　信忠　2011・6〜2016・5（日本アドバタイザーズ協会理事長 サントリー代表取締役社長）
理事　猿渡　智　2010・7〜2012・6（日本印刷産業連合会会長 大日本印刷代表取締役副社長）
理事　鹿谷　史明　2016・10〜現在（日本雑誌協会理事長 ダイヤモンド社代表取締役会長）
理事　篠田　和久　2010・7〜2011・12（日本製紙連合会会長 王子製紙代表取締役社長）
理事　杉田　亮毅　2010・11〜2011・12（日本経済新聞社代表取締役会長）
理事　髙木　剛　2007・10〜2009・12（日本労働組合総連合会会長）
理事　高嶋　達佳　2011・12〜2017・6（日本広告業協会理事長 電通会長）
理事　高橋　道映　2011・12〜2014・5（日本新聞協会理事 新潟日報社代表取締役社長）
理事　多田　昭重　2007・10〜2011・6（日本新聞協会副会長 西日本新聞社代表取締役社長）
理事　田中　健五　2007・10〜2014・6（全国出版協会会長 日本図書普及代表取締役社長）
理事　中川　秀直　2007・10〜2010・3（衆議院議員 活字文化議員連盟会長）
理事　中西　敏夫　2007・10〜2008・6（日本薬剤師会会長）
理事　永井多恵子　2007・10〜2009・6（日本放送協会副会長）
理事　成田　純治　2010・7〜2011・6（博報堂DYホールディングス代表取締役会長）
理事　西室　泰三　2007・10〜2011・6（日本アドバタイザーズ協会理事長 東芝相談役）

7 公益財団法人 文字・活字文化推進機構 歴代役員一覧

理事	芳賀 義雄	2009・6〜2010・6	（日本製紙連合会会長 日本製紙代表取締役社長）
理事	濱田 博信	2015・11〜2017・5	（日本図書普及社長）
理事	羽山 正孝	2011・12〜 現在	（日本製紙連合会理事長）
理事	原中 勝征	2010・7〜2011・11	（日本医師会会長）
理事	平林 彰	2016・6〜 現在	（日本出版取次協会会長 日本出版販売代表取締役社長）
理事	廣瀬 道貞	2007・10〜2011・11	（日本民間放送連盟会長 テレビ朝日取締役会長）
理事	福武總一郎	2007・10〜2011・6	（ベネッセコーポレーション代表取締役会長兼ＣＥＯ）
理事	福地 茂雄	2009・6〜2011・6	（日本放送協会会長）
理事	藤井 武彦	2014・6〜2016・6	（日本出版取次協会会長 トーハン代表取締役社長）
理事	船坂 良雄	2013・11〜 現在	（日本書店商業組合連合会会長 大盛堂書店代表取締役社長）
理事	古屋 文明	2008・6〜2010・6	（日本出版取次協会会長 日本出版販売代表取締役社長）
		2013・3〜2014・6	
理事	細田 博之	2007・10〜2011・11	（衆議院議員 図書議員連盟会長）
理事	堀 憲郎	2016・6〜 現在	（日本歯科医師会会長）
理事	宮川 智雄	2007・10〜2010・6	（博報堂ＤＹホールディングス代表取締役会長）
理事	村松 邦彦	2007・10〜2009・6	（日本雑誌協会理事長 主婦の友社代表取締役会長）
理事	山岡 賢次	2011・5〜2011・11	（衆議院議員 活字文化議員連盟会長）
理事	山口 政廣	2008・2〜2010・6	（日本印刷産業連合会会長 共同印刷取締役会長）

理事　山﨑　厚男　2007・10～2008・6（日本出版取次協会会長 トーハン代表取締役社長）
　　　　　　　　　2010・6～2012・10
理事　山科　透　2016・2～2016・5（日本歯科医師会会長）
理事　山田　雅義　2016・10～現在（日本印刷産業連合会会長）
理事　山本　信夫　2015・1～現在（日本薬剤師会会長）
理事　渡辺　雅隆　2017・11～現在（日本新聞協会理事 朝日新聞社代表取締役社長）
評議員　秋田喜代美　2007・10～現在（東京大学大学院教授）
評議員　秋山耿太郎　2007・10～2011・10（日本新聞協会理事 朝日新聞社代表取締役社長）
評議員　朝比奈　豊　2009・6～2011・10（日本新聞協会理事 毎日新聞社代表取締役社長）
評議員　安藤　忠雄　2007・10～2011・10（建築家 東京大学名誉教授）
評議員　飯塚　浩彦　2017・11～現在（産経新聞社代表取締役社長）
評議員　井上ひさし　2007・10～2010・4（作家）
評議員　上野　徹　2007・10～2009・6（文藝春秋代表取締役社長）
評議員　内山　斉　2007・10～2009・6（日本新聞協会理事 読売新聞グループ本社代表取締役社長）
評議員　相賀　昌宏　2007・10～2010・6（小学館代表取締役社長）
評議員　大垣　守弘　2017・3～現在（書店新風会会長 大垣書店代表取締役社長）
評議員　大島宇一郎　2017・11～現在（日本新聞協会理事 中日新聞社代表取締役社長）
評議員　大島　寅夫　2014・6～2015・7（日本新聞協会理事 中日新聞社代表取締役副会長）
評議員　柿本　寿明　2007・10～現在（日本総合研究所前理事長 経済同友会幹事）

7　公益財団法人 文字・活字文化推進機構 歴代役員一覧

評議員　笠木　幸彦　2007・10～2008・6　（全国学校図書館協議会理事長）
評議員　梶　昭次郎　2007・10～現在　（東京大学名誉教授 帝京大学理工学部航空宇宙学科教授）
評議員　亀井　忠雄　2007・10～現在　（三省堂書店代表取締役社長）
評議員　河内　義勝　2007・10～2008・6　（教科書協会会長 東京書籍代表取締役社長）
評議員　喜多　恒雄　2010・11～2011・10　（日本新聞協会理事 日本経済新聞社代表取締役社長）
評議員　北原　保雄　2007・10～2009・6　（日本学生支援機構理事長）
評議員　熊坂　隆光　2011・11～2017・11　（日本新聞協会理事 産経新聞社代表取締役会長）
評議員　小出　宣昭　2015・11～2017・11　（日本新聞協会理事 中日新聞社代表取締役社長）
評議員　児玉　清　2007・10～2011・5　（俳優）
評議員　小林　一光　2008・6～2010・6　（教科書協会会長 教育出版代表取締役社長）
評議員　小峰　紀雄　2010・6～現在　（読書推進運動協議会会長 小峰書店代表取締役社長）
評議員　斎藤　博明　2007・10～2015・6　（TAC代表取締役社長）
評議員　坂上　弘　2007・10～2010・6　（日本文藝家協会理事長）
評議員　坂元　昴　2007・10～2011・10　（日本教育工学振興会会長）
評議員　佐藤　隆信　2007・10～2011・10　（新潮社代表取締役社長）
評議員　佐藤　学　2007・10～2011・10　（日本教育学会会長）
評議員　設楽　敬一　2017・11～現在　（全国学校図書館協議会理事長）
評議員　篠　弘　2010・6～2016・6　（日本文藝家協会理事長）
評議員　島　多代　2009・6～2011・6　（日本国際児童図書評議会会長）

評議員	下村　満子	2007・10〜　現在	（ジャーナリスト）
評議員	白井　文吾	2007・10〜2014・6	（日本新聞協会理事　中日新聞社代表取締役会長）
評議員	杉田　亮毅	2007・10〜2010・11	（日本新聞協会理事　日本経済新聞社代表取締役社長）
評議員	住田　良能	2007・10〜2011・10	（日本新聞協会理事　産経新聞社代表取締役社長）
評議員	高井　昌史	2011・3〜2011・10	（紀伊國屋書店代表取締役社長）
評議員	高山　正也	2007・10〜2011・10	（国立公文書館理事　慶應義塾大学名誉教授）
評議員	竹下　晴信	2007・10〜　現在	（日本児童図書出版協会会長　評論社代表取締役社長）
評議員	辻　秀夫	2007・10〜2009・6	（辻調理師専門学校相談役）
評議員	永井多恵子	2009・6〜2011・10	（ユネスコ国際演劇協会会長　日本放送協会前副会長）
評議員	永井　伸和	2007・10〜2017・11	（今井書店グループ代表取締役会長）
評議員	野間佐和子	2007・10〜2011・3	（講談社代表取締役社長）
評議員	林　明夫	2017・11〜　現在	（開倫塾代表取締役社長）
評議員	林　真理子	2007・10〜　現在	（作家）
評議員	坂東眞理子	2011・11〜　現在	（昭和女子大学学長）
評議員	平林　彰	2015・6〜2016・5	（日本出版販売代表取締役社長）
評議員	藤井　武彦	2013・3〜2014・6	（トーハン代表取締役社長）
		2016・6〜　現在	

7　公益財団法人 文字・活字文化推進機構 歴代役員一覧

評議員	古屋　文明	2007・10〜2008・6	(日本出版販売代表取締役社長)
		2010・6〜2013・3	
		2014・6〜2016・6	
評議員	松居　直	2007・10〜2009・6	(日本国際児童図書評議会会長)
評議員	松信　裕	2007・10〜現在	(有隣堂代表取締役社長)
評議員	松原　治	2007・10〜2011・3	(紀伊國屋書店代表取締役会長兼CEO)
評議員	松本　洋介	2010・6〜2011・10	(教科書協会会長 第一学習社代表取締役社長)
評議員	村松　邦彦	2009・6〜2015・6	(主婦の友社取締役相談役)
評議員	村山　隆雄	2011・6〜2013・9	(日本国際児童図書評議会会長)
評議員	森田　盛行	2008・6〜2017・11	(全国学校図書館協議会理事長)
評議員	柳田　邦男	2007・10〜2011・10	(作家)
評議員	山﨑　厚男	2008・6〜2010・6	(トーハン代表取締役社長)
評議員	山根　基世	2007・10〜現在	(LLP「ことばの杜」代表 NHK前アナウンス室長)
監事	北村　哲男	2007・11〜現在	(弁護士)
監事	能勢　正幸	2007・11〜現在	(公認会計士)
顧問	河村　建夫	2011・12〜現在	(衆議院議員 子どもの未来を考える議員連盟会長)
顧問	細田　博之	2011・12〜現在	(衆議院議員 図書議員連盟会長 活字文化議員連盟会長)
顧問	山岡　賢次	2011・12〜2012・12	(衆議院議員 活字文化議員連盟会長)

＊氏名五十音順。経歴は就任時のもの

あとがき――豊かな読書文化を味わう

公益財団法人文字・活字文化推進機構
理事長　肥田美代子

それから早くも一〇年の歳月が経ちました。さかのぼって二〇〇五年の暮れ、肥田美代子後援会「風のフォーラム」役員会で政界引退を了解してもらい、一五年間の国会議員生活を終えました。

国会議員のときは、より多くの時間を学校図書館の充実そのほか、子どもの読書活動の基盤づくりに費やしました。「子どものことをやっても票にもならないのに」。同僚の女性議員にまで軽蔑されても、しかし、子どもの読書活動にかかわる政策立案の意欲がおとろえるようなことはみじんもありませんでした。

政界から遠ざかったあと、心に芽生えたのは、手塩にかけて制定した「子どもの読書活動の推進に関する法律」と「文字・活字文化振興法」を具現するということでした。「法律制定だけでは世の中は変わらない」。こんどは民間人として立法府に働きかけ、ふたつの法律にいのちを宿らせる。その運動の担い手として文字・活字文化推進機構の設立を提唱したのでした。

さいわい、新聞界や出版界をはじめ、医薬業界や労働界、広告業界や流通、食品業界などの経済界、それに超党派の議員連盟の応援を得ることができました。

文字・活字文化推進機構の主たる任務は、読書推進運動ではなく、読書活動や言語活動の充実に必要な基盤づくりにありました。これは政官民が一致協力しなければ成就しない事業であり、ロビー活動に注力したのは、そのような事情からでした。

この間、読書環境は大きく変貌しました。その変貌の象徴は、電子書籍の誕生でした。電子端末で手軽に本を読めるようになり、読書の面でも選択肢の多い社会が生まれたのです。どちらかを選べと言われたら即座に、わたしは紙の本をえらびますが、しかし紙の本か電子書籍かの二者択一の論議は、じつに不毛なことです。ジャンルによって両方を上手に使い分けながら、豊かな読書文化を味わおうではありませんか。

私たち機構は、ロビー活動をとおして関係者のおもいを支援し、その実現につとめてきました。そのようすは、本書でテーマごと記録しています。学校司書の法制化や出版者の権利付与、全国書誌情報の改善、出版物への軽減税率適用など、すでにやりとげたものと、道なかばのものとがあります。のこされた政策は、やがて、どこかにひきつがれ実現されるものと期待しています。

歴代の役員、職員の皆さまのお力添えで、文字・活字文化の振興・普及という遠大な目標のもとに、この一〇年の歳月を拾うことができました。区切り目にあたって、心から感謝の気持ちを申し上げます。

ほんとうにありがとうございます。

■一〇年史制作部会

監　修　肥田美代子（代表理事理事長）
制作責任　渡辺　鋭氣（代表理事専務）
制作部員　谷　清忠（経理部長）
制作部員　中澤　法子（総務部秘書課長）
制作部員　赤熊　千明（企画広報係長）
制作部員　安藤　愛（総務部係長）
制作部員　石本　彩（企画・広報主任）
制作部員　森田　亜矢（企画・広報部）

あしたへ。 文字・活字文化推進の10年

二〇一八年二月一〇日発行

制作／編集　文字・活字文化推進機構
一〇年史制作部会

発 行 者　渡辺 鋭氣

発 行 所　公益財団法人
文字・活字文化推進機構
〒一〇一-〇〇五一
東京都千代田区神田神保町三-一二-三
電話 〇三-三五一一-七三〇五

発　　売　株式会社メディアパル
〒一六二-〇八一三
東京都新宿区東五軒町六-二一
電話 〇三-五二六一-一一七一

印刷／製本　株式会社平河工業社